TÍTULOS DE CRÉDITO

S232t Sant'Anna, Rubens
       Títulos de crédito: doutrina, jurisprudência / Rubens
       Sant'Anna. — 4.ed. rev. e atual. — Porto Alegre: Livraria
       do Advogado, 1995.
       155 p.; 14 x 21 cm.

       ISBN   85-85616-79-2

       1. Títulos de crédito. I. Título.

                                              CDU 347.735

       Índice para catálogo sistemático
       Títulos de crédito   347.735

       (Bibliotecária responsável: Marta Roberto, CRB 10/652)

RUBENS SANT'ANNA

TÍTULOS DE CRÉDITO

Doutrina – Jurisprudência

4ª EDIÇÃO, REVISTA E ATUALIZADA

1995

© Rubens Sant'Anna, 1995

Capa de
Henry Saatkamp

Composição e montagem de
Livraria do Advogado Ltda.

Revisão de
Germano Maraschin Filho

Direitos desta edição reservados por
Livraria do Advogado Ltda.
Rua Riachuelo, 1338
Fones e fax 225-3311 e 2253250
90010-273 Porto Alegre RS

Impresso no Brasil / Printed in Brazil

Sumário

Nota Introdutória 07

I Parte - Doutrina
Capítulo I

LETRA DE CÂMBIO
1- O Crédito. Conceito 11
2- Formas, caracteres e função do crédito 12
3- Aspecto jurídico do crédito 12
4- Origem e evolução histórica da letra de câmbio 13
5- Distinções entre a letra de câmbio e a nota promissória 16
6- Conceito e emissão da letra de câmbio 16
7- Circulação, segurança e direito de regresso 17
8- Requisitos da letra de câmbio 18
9- Endosso 20
10- Aceite 23
11- Aval 26
12- Vencimento 28
13- Pagamento 29
14- Protesto 32
15- Ressaque 36

Capítulo II

NOTA PROMISSÓRIA
1- Conceito 37
2- Histórico 38

3- Requisitos 39
4- A lei uniforme e a nota promissória 40
5- O registro 41

Capítulo III

CHEQUE
1- Conceito. Formas 43
2- Histórico e legislação 44
3- Natureza jurídica: pressupostos 45
4- Requisitos 46
5- Cheque sem provisão de fundos 47
6- Espécies ou modalidades de cheque 49
7- Endosso 50
8- Aval 51
9- Apresentação e pagamento 51
10- Pagamento por compensação 52
11- Ação e prescrição 53

Capítulo IV

DUPLICATA
1- Histórico e legislação 55
2- A fatura 56
3- A duplicata. Requisitos 56
4- O registro contábil 58
5- O protesto 59
6- Os procedimentos judiciais 59
7- A triplicata 61
8- Duplicata de prestação de serviços 61

II Parte - Ementário de Jurisprudência

1- Letra de câmbio. A cambial em geral 65
2- Nota promissória 81
3- Cheque 109
4- Duplicata 133

Nota Introdutória

Tulio Ascarelli, no capítulo inicial de sua obra "Teoria Geral dos Títulos de Crédito", escreveu que: "a vida econômica moderna seria incompreensível sem a densa rede de títulos de crédito; às invenções técnicas teriam faltado meios jurídicos para a sua adequada realização pessoal; as relações comerciais tomariam necessariamente outro aspecto. Graças aos títulos de crédito pode o mundo moderno mobilizar as próprias riquezas; graças a eles o dinheiro consegue vencer tempo e espaço, transportando, com a maior facilidade, representados nestes títulos, bens distantes e materializando, no presente, as possíveis riquezas futuras."

A correta observação do eminente mestre tem inteira procedência, tanto que, diariamente, na sociedade contemporânea, o indivíduo faz uso de um ou mais títulos de crédito.

O reconhecimento dessa verdade impulsionou a elaboração do presente trabalho, que precipuamente objetiva fixar o posicionamento da jurisprudência dos nossos Tribunais, nos últimos anos, relativamente aos títulos de crédito, especialmente quando à aplicação das Convenções de Genebra.

Apesar de existir em nosso direito mais de duas dezenas de documentos que podem ser caracterizados como títulos de crédito, nos fixamos nos principais — a letra de câmbio, a nota promissória, o cheque e a duplicata — por serem os mais utilizados nas transações mercantis.

Na presente edição de "Títulos de Crédito", O Capítulo III, relativo ao Cheque, foi recomposto no sentido de adaptá-lo à vigente Lei n° 7357, de 2/9/1985, que dispõe sobre o cheque. A jurisprudência foi selecionada, dentro do período de 1988 a 1995, visando a atual orientação dos Tribunais.

Esperamos que o presente trabalho seja útil a todos aqueles que, por qualquer forma, tratem com as questões vinculadas ao complexo mundo dos títulos de crédito.

O Autor

I PARTE
DOUTRINA

Capítulo I
LETRA DE CÂMBIO

1- O Crédito. Conceito.

O crédito, termo originário do verbo latino "credere"" (confiar) representa a confiança depositada em alguém, no sentido de que este no futuro virá cumprir uma obrigação hoje assumida. No âmbito do direito comercial representa um valioso meio através do qual os comerciantes procuram recursos imediatos para satisfazer seus compromissos, usando da dilação no tempo para repor os recursos empregados.

Com a utilização do crédito, as transações comerciais se tornaram mais fáceis, mais rápidas, posto que se tornou possível a utilização de recursos financeiros mediante a promessa de reposição desses recursos em prazo convencionado.

Economicamente, como tem sido ressaltado, o crédito representa a negociação de uma obrigação futura, "é a utilização dessa obrigação futura para a realização de negócios atuais" (João Eunápio Borges).

Conhecida é a noção fornecida pelo eminente economista Charles Gide, de que o crédito constitui uma ampliação na troca, uma troca no tempo, ao invés de uma troca no espaço.

Na evolução da sociedade, o crédito se tornou um elemento facilitador das transações, surgindo necessariamente um direito destinado a protegê-lo. A promessa de cumprimento da obrigação, que está implícita na concessão do crédito, tornou-se instrumentalizada em um documento — o título de crédito. Nesse título está representada a promessa de cumprimento da obrigação assumida pelo beneficiário do crédito.

O significado e a importância dos títulos de crédito, para formação da economia moderna, foram acentuados por Tullio Ascarelli em sua obra "Teoria Geral dos Títulos de Crédito", sustentando que a vida econômica moderna seria incompreensível sem a densa rede dos títulos de crédito.

2- Formas, caracteres e função do crédito

As formas essenciais como se constitui o crédito são a *venda a prazo* e o *empréstimo*. Na primeira há a entrega de um bem mediante a promessa de pagamento do seu valor dentro de um certo prazo. Na segunda, há o fornecimento de dinheiro, do recurso necessário para aquisição de algo, mediante a promessa, o compromisso, da reposição desse dinheiro em um determinado espaço de tempo. Assim, os elementos *confiança* e *tempo* se integram para constituir a noção de crédito.

Como caracteres essenciais do crédito são apontados *o consumo da coisa vendida ou emprestada* e *a espera da coisa nova destinada a substituí-la.*

A função básica do crédito é agilizar o capital. Por meio dele, cabedais imensos de capital são movimentados, permitindo a criação de riquezas que não seriam geradas se o capital permanecesse estático nas mãos de seus possuidores.

Assim, cabe aos títulos de crédito, pela sua circularidade, o papel de multiplicação do capital. Sendo negociáveis, os títulos representam capital, pois podem ser transformados em dinheiro. Essa possibilidade de circulação dos títulos de crédito representou, no mundo moderno, um fator decisivo para o seu progresso.

3- Aspecto jurídico do crédito

Pesquisando-se a história do crédito, sob o aspecto jurídico, verifica-se que, no Direito Romano, a obrigação constituía um liame pessoal entre credor e devedor, de sorte que o patrimônio deste não respondia pelas suas dívidas. Em conseqüência cabia ao credor, quando não satisfeita a obrigação pelo devedor, cobrar-se na própria pessoa deste, exigindo sua vida ou o vendendo como escravo.

Mais tarde, a Lei Papíria possibilitou ao credor cobrar-se nos bens do devedor, sendo para isso utilizado o instrumento de cessão. Entretanto, o direito de crédito permaneceu com seu caráter individual, sendo difícil a transmissão desse direito a terceiros.

Na Idade Média surgiram os títulos de crédito, com algumas de suas características atuais. O desenvolvimento do comércio propiciou o surgimento desses títulos, havendo primeiramente aparecido a Letra de Câmbio. A cláusula à ordem, inserida nos títulos, outorgava ao credor, portador de um título, a faculdade de transferir a outra pessoa o direito do crédito juntamente com o respectivo título. Surgiu assim a circulação do crédito, marco decisivo na vida econômica das nações.

No Direito moderno foram desenvolvidas as doutrinas sobre os títulos de crédito, a partir do século XVIII com HEINECCIUS, que sustentou o princípio da cambial como contrato literal. No século XIX, EINERT identificou a cambial como o papel-moeda dos comerciantes. Em razão da importância assumida nas transações mercantis, a cambial passou a contar com uma legislação protetora, resultante dos princípios defendidos pelas teorias relativas aos títulos de crédito, cuja disciplina integra hoje uma legislação específica.

4- Origem e evolução histórica da letra de câmbio

Incerta é a origem da letra de câmbio, o mais importante dos títulos de crédito. Alguns autores remontam suas origens à remota antiguidade, identificando-se entre documentos usados pelos assírios, gregos e romanos. Nesse período distante, a letra de câmbio não seria usada com esse nome. Apenas conhecia-se o método de se fazer o pagamento a credor, ou a pessoa por este autorizada a receber o crédito.

Os modernos pesquisadores, entretanto, localizam o surgimento da letra de câmbio na Idade Média, especialmente nas práticas de comércio das cidades italianas de Gênova e Florença.

A partir desse entendimento, KUNTZE divide a história da letra de câmbio em três períodos: o italiano, o francês e o germânico. *O período italiano*, desde os séculos XIII e XIV até 1650, caracteriza-se por constituir a letra de câmbio um meio de troca, de escambo de moedas. Era um instrumento de permuta, um contrato de câmbio. Havia a troca da moeda presente por promessa de moeda ausente, o título emitido pelo cambista ou banqueiro. O câmbio era manual ou real, quando ocorria simples troca de moedas diferentes. Existia, ainda o câmbio à distância, *CAMBIUM TRAJECTICIUM*, pelo qual o banqueiro recebia moeda e se obrigava a restituir em outro lugar, na moeda desse lugar. O contrato de câmbio se formalizava em um instrumento público, a *CAUTIO*, a primeira forma de letra de câmbio.

O *período francês* da letra de câmbio medeia entre os anos de 1650 a 1848. A cambial constitui um meio de pagamento, usado especialmente pelos comerciantes, para pagar mercadorias adquiridas a crédito. O título documentava um contrato de compra e venda, resultante de delegação ou mandato. A delegação seria a ordem do sacador ao sacado para pagar uma determinada importância ao tomador do título. Nesse período, a partir do século XVII, com o surgimento do *endosso*, e a aceitação do direito autônomo do endossatário, desenvolveu-se a circularidade do título. Por isso, vários autores dividem a história da letra de câmbio em dois períodos: antes e depois do endosso.

No terceiro período, o *germânico*, de 1848 até hoje, a letra de câmbio se transforma em um título de crédito literal e autônomo, considerado perfeito. O que caracteriza esse período é a Ordenança Geral Cambiária Alemã, elaborada com fundamento na teoria de EINNERT, cujos postulados fundamentais são: 1. bastam os elementos constantes do título para o exercício da ação cambial; 2. a promessa constante do título não se dirige a alguém em particular, mas é feita de forma geral ao público.

No direito brasileiro, a letra de câmbio foi regulamentada no título XVI - Das Letras, Notas Promissórias e Créditos Mercantis - Capítulo I, artigos 354 e 424. No artigo 425 eram consignadas as *letras de terra*, "em tudo iguais às letras de câmbio, com a única diferença de serem passadas e aceitas na mesma província". De acordo com o Código, a letra de câmbio devia ser *datada* e declarar o lugar onde fora sacada; a *importância* a ser paga e a *espécie da moeda*; o *valor recebido*, se em moeda ou em mercadoria; o *lugar* e a *época do pagamento*; o *nome* de quem devia pagar e a quem ser feito o pagamento; se era exigível à ordem e de quem. A letra podia ser passada à vista ou a prazo, sendo admitido o endosso em preto ou em branco, regulamentadas ambas as espécies.

As disposições do Código vigoraram até 31 de dezembro de 1908, quando foi sancionado o Decreto nº 2044, cujos princípios inspiram-se no sistema germânico, vigorando até nossos dias com as adaptações introduzidas pela Lei Uniforme de Genebra. O Decreto 2044 constitui um dos mais adiantados diplomas legais em matéria cambial, subsistindo por isso durante décadas.

Diversas conferências internacionais estudaram a unificação das regras pertinentes à letra de câmbio e à nota promissória. Após a fundação do Instituto de Direito Internacional em Gand, realizaram-se o Congresso de Antuérpia em 1885 e o de Bruxelas em 1888, que estudaram, sem êxito, normas unificadoras para as cambiais. Também em Haia, em 1910 e 1912, realizaram-se conferências internacionais nas quais o

Brasil se fez representar através do Dr. Rodrigo Otávio. Em ambas, o plenário consagrou o princípio do sistema germânico. A guerra de 1914 veio impossibilitar que as conclusões da Conferência de 1912 se incorporassem às legislações dos países presentes ao conclave.

Mais tarde, a Liga das Nações promoveu uma nova conferência internacional, que se realizou em Genebra, em 1930, da qual resultaram três convenções, firmadas por 22 países, dentre os quais o Brasil: a) - *a Lei Uniforme sobre letra de câmbio e notas promissórias;* b) - *a relativa a conflitos de leis sobre letra de câmbio e nota promissória*; c) - *uma sobre selos em letra de câmbio e notas promissórias.* A primeira convenção contém dois anexos, sendo o primeiro o do texto da Lei Uniforme e o segundo contendo as *reservas.*

O Brasil aderia às convenções por uma nota de 26 de agosto de 1942. Mais tarde, pelo Decreto Legislativo nº 54, de 8 de novembro de 1964, o Congresso Nacional aprovou as convenções. Finalmente o Presidente da República, através do Decreto número 57.663, de 24 de janeiro de 1966, determinou que as convenções fossem executadas e cumpridas, observadas as reservas feitas à Convenção relativa à Lei Uniforme sobre letras de câmbio e notas promissórias.

Em conseqüência, presentemente, no Brasil, estão em vigor as normas da Lei Uniforme em Genebra, com as reservas consignadas, e os dispositivos não conflitantes do Decreto nº 2.044, de 1908. Esse o entendimento hoje pacífico em nossa jurisprudência, a partir do acórdão proferido em 1971 pelo Supremo Tribunal Federal, no Recurso Extraordinário nº 71.154, do qual foi relator o Ministro Oswaldo Trigueiro.

A 22 de janeiro de 1969, pelo Decreto-Lei nº 427, o Governo da República impôs o registro fiscal obrigatório das letras de câmbio e notas promissórias, visando com a medida coibir a sonegação fiscal e a agiotagem. Aquele diploma foi regulamentado pelo Decreto nº 54.156, de 4 de março de 1969. Não são alcançados pelo registro os títulos emitidos pelas empresas mercantis e aceitos pelas instituições financeiras, bem como os emitidos em garantia de pagamento de transações de compra e venda de bens e serviços, desde que comprovados pela contabilidade da empresa. Excluem-se ainda do registro os títulos vinculados a contratos de compra e venda de bens e imóveis, uma vez registrados estes instrumentos. Ainda estão isentos de registro os títulos de valor expresso em moeda estrangeira, representativos de dívida anterior registrada no Banco Central. Apesar de criticado pelos mais autorizados juristas, o Decreto 54.156 permanece em vigor. A falta de registro do título acarreta-lhe a perda da sua força executiva, podendo apenas ser cobrado o seu valor através de ação ordinária.

5- Distinções entre a letra de câmbio e a nota promissória

A cambial, como a define o Professor João Eunápio Borges, é um título representativo do valor nele mencionado, suscetível de circular por endosso, contendo a promessa abstrata de pagamento de uma soma determinada, a cuja realização se obrigam solidariamente todos os subscritores do título (Títulos de Crédito, p. 46).

Basicamente, existem dois títulos cambiais: *a letra de câmbio* e *a nota promissória*.

A *letra de câmbio* antecedeu historicamente à nota promissória e se desenvolveu rapidamente. A promissória constituía uma cambial simplificada, por corresponder simplesmente a uma promessa direta de pagamento, do devedor para o credor, ao passo que a letra de câmbio representa uma ordem de pagamento, uma promessa indireta de pagamento. É, pois, a cambial, sempre, uma promessa de pagamento, direta ou indireta.

A *nota promissória*, também denominada cambial própria, se desenvolveu rapidamente no mercado dos negócios, tornando-se a cambial mais usada. A letra de câmbio, por ser uma promessa indireta de pagamento, exige a presença de um terceiro, o sacado, que deverá efetuar o pagamento para o credor. Entretanto, o sacador ou devedor, ao sacar o título assume o compromisso de pagá-lo, se o sacado não o fizer, constituindo esse compromisso uma promessa indireta de pagamento.

6- Conceito e emissão da letra de câmbio

Em sumário conceito, a letra de câmbio é uma ordem, por escrito, a determinada pessoa, para que pague a outrem uma determinada importância em dinheiro.

Saraiva, em sua obra "A Cambial", definiu-a como um título de crédito formal, autônomo e completo, que contém obrigações de fazer pagar determinada soma de dinheiro, no tempo e lugar determinados.

Constituindo uma ordem de pagamento, a vista ou a prazo, exige presença de três elementos no título, que ocupam posições distintas:

a) - *o sacador*, subscritor ou emitente, que emite a ordem de pagamento;

b) - *o sacado*, aceitante ou principal obrigado, a quem a ordem de pagamento é dirigida;

c) - *o tomador* beneficiário ou credor, pessoa a favor de quem é emitido o título.

Aperfeiçoa-se a letra de câmbio quando o sacado aceita o título, lançando nele a sua assinatura ou *aceite*. Com o aceite, o sacado passa a ser o aceitante e, conseqüentemente, o obrigado principal.

Permite a letra de câmbio que a garantia de pagamento seja reforçada por um *aval* de terceira pessoa, o avalista, que se torna coobrigado.

Uma letra de câmbio pode ser utilizada para satisfazer duas obrigações. Uma pessoa, sendo credora de outra e devedora de uma terceira, pode sacar uma letra de câmbio contra a segunda pessoa em favor da terceira pessoa. Quando a segunda pessoa pagar a terceira, terá satisfeito seu débito com relação à primeira, no caso a sacadora. No momento desse pagamento terá ocorrido a satisfação da dívida da primeira para com a terceira pessoa.

7- *Circulação, segurança e direito de regresso*

Na disciplina dos títulos vigora a regra de que a cambial tem, por lei ou ato de criação, a sua lei de circulação. A Letra de Câmbio e a nota promissória, por lei, são títulos que devem ser emitidos à ordem. O cheque poderá ser nominativo ou ao portador.

A letra de câmbio pode circular, por via de endosso, facilitando assim as transações mercantis. O credor de uma letra de câmbio, sendo devedor de uma terceira pessoa, pode, para resgatar seu compromisso, antes do vencimento da letra, endossá-la ao seu credor. Por sua vez, o novo credor pode endossar o título a uma quarta pessoa, e assim sucessivamente.

O título, entretanto, oferece uma garantia. Como todas as pessoas que assinam a letra de câmbio estão a ela vinculadas no dia do vencimento, o último endossatário pode exigir o pagamento do aceitante ou dos endossantes, desde o último até o primeiro.

Dessa forma, há nesse título uma ampla segurança, pois que a ele ficam vinculadas todas as pessoas que nele lançaram sua assinatura. As relações são de autonomia, significando que o último endossatário tem um amplo direito de regresso, a partir do último endossante do título.

O direito de regresso representa essa circulação inversa, que pode ocorrer em virtude de todos os endossantes ficarem coobrigados no título.

8- Requisitos da letra de câmbio

A letra de câmbio é um título formal, abstrato e autônomo. Esse entendimento decorre da noção do título fornecida por Vivanti: "documento necessário para o exercício do direito, literal e autônomo, nele mencionado". Tem circularidade, agilizando o crédito e facilitando as transações comerciais.

É um título *formal*, por isso tem rigor cambiário; para que tenha validade, é necessário que contenha determinados requisitos estabelecidos em Lei. Se qualquer dos requisitos essenciais, previstos em lei, falta no documento, o título se desnatura, não logra os fins a que se destina.

Os mais consagrados autores, como Professor Rubens Requião, consideram que o título possui requisitos extrínsecos ou essenciais, relativos à forma do documento, e, requisitos *intrínsecos*, que seriam os comuns às obrigações.

Os requisitos *essenciais*, ou extrínsecos, constam do artigo 1º do Decreto nº 2.044 e do art. 1º da Lei Uniforme de Genebra, diplomas que regulam a cambial em nosso direito. Do Decreto 2.044 resultam essenciais:
a) *a denominação "letra de câmbio";*
b) *a soma a pagar e a espécie de moeda em que deve ser feito o pagamento;*
c) *o nome de quem deve pagar o título;*
d) *o nome da pessoa a quem deve ser paga a letra de câmbio;*
e) *a assinatura do sacador ou do seu mandatário.*

De acordo com a LUG, consideram-se essenciais:
a) - a palavra "letra", no texto do título;
b) - mandato puro e simples de pagar determinada quantia em dinheiro;
c) - o nome da pessoa que deve pagar o sacado;
d) - o nome a quem ou à ordem de quem deve ser pago o título;
e) - a data e o lugar onde é sacada a letra de câmbio;
f) - a assinatura de quem emite o título — o sacador. Pela relação do artigo 2º da Lei Uniforme, não são elementos essenciais a indicação da época do pagamento e do lugar do pagamento, que podem não constar do título, sem que a omissão de um ou de ambos retire a eficácia do mesmo.

A sumária análise desses requisitos impõe considerar alguns aspectos:

A expressão: "letra de câmbio" do texto, traz implícita a cláusula "à ordem", do mesmo não explicitada no título. É, por isso, uma cláusula cambiária, que assegura a circulação do título, por via de endosso.

A importância a ser paga deve ser especificada no título, com exatidão, por isso, determinada. Se houver divergência entre a indicação em algarismos e a por extenso, prevalece esta última, conforme o artigo 6º da LUG. As letras de câmbio emitidas no Brasil devem consignar a importância a ser paga em moeda nacional, em cruzeiros. Entretanto, para as operações internacionais, permite o Decreto-Lei nº 316/1967 que possam ser emitidas em moeda estrangeira, desde que o devedor ou credor tenham domicílio no estrangeiro e que a obrigação seja assumida no exterior. O art. 5º da Convenção admite a cobrança de juros, na letra pagável à vista ou a certo termo de vista. O art. 25 do Decreto 2.044 determina que, salvo determinação em contrário quando o valor da letra for consignado em moeda estrangeira, o pagamento deve ser feito em moeda nacional, feito o câmbio à vista do dia e do lugar do pagamento.

O terceiro requisito refere-se à *pessoa que deve pagar o título, o sacado,* ou *obrigado principal.* Seu nome pode constar do contexto ou abaixo do mesmo. Pode ser pessoa física ou jurídica. Se o sacado lançar sua assinatura no título torna-se *aceitante,* devendo no dia do vencimento pagá-lo. O sacador pode ser também o sacado.

O outro requisito obrigatório é a *consignação, no contexto, do nome da pessoa a quem deve ser pago o título.* É o tomador ou beneficiário da ordem. Os direitos do tomador podem ser transferidos a terceiro mediante endosso, por simples assinatura do título.

O Decreto 2.044 admitia a emissão da letra ao portador. A Lei Uniforme, entretanto, no nº 6 do art. 1º, exige que conste o nome da pessoa a quem ou à ordem de quem deve ser paga.

A indicação da *data* e do *lugar do saque,* isto é, *onde a letra é passada,* constitui requisito essencial. Vale a regra para os títulos à vista e os a prazo. A data, que não era requisito obrigatório pelo Decreto 2.044, passa a sê-lo pela Lei Uniforme. A exigência tem o objetivo de esclarecer se à época da emissão o sacador tinha capacidade para assumir a obrigação cambial. A data da emissão é necessária e indispensável, ainda, para atender à exigência do registro, no prazo estabelecido pelo Decreto-Lei nº 427. Demais, na letra à vista, que se vence na data da apresentação, a data da emissão é fundamental, pois esse título prescreve no prazo de um ano.

A assinatura do sacador é o último dos requisitos essenciais do título. O emitente não firma o título apenas para o sacado pagá-lo. Ele também se obriga cambialmente, pois não há assinatura supérflua na letra. Se o sacado não pagar, tem o beneficiário o direito de exigir do emitente o pagamento. Daí tornar-se essencial a assinatura do sacador. A Lei permite que o sacador seja, concomitantemente, o sacado, situação em que a letra de câmbio se equipara à nota promissória. Pode ainda o sacador ser o beneficiário do título. Nesse caso, havendo aceite, o sacador pode endossar o título, dando circulação ao mesmo.

Cumpre acentuar que a ausência de um ou mais desses requisitos essenciais tornaria o título cambialmente ineficaz, deixaria de ser letra de câmbio. Perdido o rigor cambiário do título, não poderia ser cobrado por meio da ação cambial. Ficaria reduzido a um documento de prova da existência de uma obrigação que só poderia ser exigida por via de ação ordinária.

Como requisitos intrínsecos, apontam-se os comuns às obrigações jurídicas: *capacidade do agente, consentimento* e *objeto lícito*. Relativamente à capacidade, vigora a regra contida no art. 7º da Lei Uniforme: "Se a letra contém assinaturas de pessoas incapazes de se obrigarem por letras, assinaturas falsas, assinaturas de pessoas fictícias ou assinaturas que por qualquer outra razão não poderiam obrigar as pessoas que assinaram a letra, ou em nome das quais ela foi assinada, as obrigações dos outros signatários nem por isso deixam de ser válidas". A regra atende ao princípio da independência das assinaturas e da autonomia das obrigações cambiais.

O art. 8º da LUG tem uma regra importante relativamente à pessoa que assina uma letra de câmbio como representante de outra pessoa, sem os poderes de representação. Nesse caso, o firmatário da letra responde pessoalmente pelo valor da mesma.

Relativamente à licitude do seu objeto, vige o princípio de que a letra representa sempre um crédito, inexistindo a letra de favor.

Dispondo o art. 1º nº 6, da Lei Uniforme, que a letra deve conter o nome da pessoa a quem ou à ordem de quem deve ser paga, ficou vedada em nosso direito a emissão da *letra de câmbio ao portador*. Entretanto, a lei do Mercado de Capitais (Lei nº 4728/1965), estabeleceu que somente as instituições financeiras podem emitir letras de natureza financeira. Essas letras de câmbio financeiras são ao portador, e diferem da letra comum, por terem outra finalidade e destinação econômicas.

9- *Endosso*

Por circulação, uma letra de câmbio passa de um proprietário para outro. Os direitos representados no título passam para o novo proprietário, em razão da literalidade do título. Em certos títulos, ao portador, a simples posse do mesmo já investe o possuidor dos direitos nele assegurados.

Gozando a letra de câmbio de abstração, os direitos por ela representados estão no próprio título, desvinculados da causa original de sua criação.

O meio adequado, próprio, de transferência da letra de câmbio é o endosso. Por esse meio o título passa da propriedade de uma pessoa para outra. Opera-se o endosso pela simples assinatura do proprietário da letra de câmbio, indicando ou não a pessoa a quem é transferida a propriedade da mesma. Em razão do endosso, ao novo proprietário deve ser pago o valor do título. Aquele que endossa denomina-se *endossante*, e aquele a quem o título é endossado designa-se *endossatário*.

O endosso é um ato unilateral, praticado pelo endossante, não constituindo portanto uma cessão de direitos, que é bilateral. Por isso, o endosso outorga ao endossatário direitos autônomos, diferentemente do que ocorre com a cessão, que comporta direitos derivados, no endosso, a nulidade de um não acarreta a nulidade dos demais, mesmo que exista no título uma cadeia, uma série de endossos. Outro aspecto significativo refere-se às exceções; no endosso só pode ser apresentada, por um endossatário, contra o anterior endossante.

O Decreto 2.044, em seu art. 8º, só admitia o endosso no verso do título. A Lei Uniforme, no art. 13, permite o endosso no verso ou no anverso da letra, somente admitindo no verso da letra o endosso em branco. Não é permitido, contudo, endosso de qualquer espécie em documento em separado; se necessário, esgotando-se o espaço da letra, admite-se o endosso em *alongue* ou extensão, ou seja, em pedaço de papel colado à letra de câmbio.

Quanto às suas modalidades, existem o *endosso em preto* e o *endosso em branco*. O *endosso em preto* é aquele em que o proprietário ou endossante faz designação da pessoa a quem transfere o título assinado abaixo. Mas há necessidade de que o endosso seja datado, vigorando a regra do art. 20 da LUG: "o endosso posterior ao vencimento tem os mesmos efeitos que o endosso anterior". Se um endosso for feito em preto, designando o endossatário, nada impede que outros endossos venham a ser feitos em branco.

O *endosso em branco*, diferentemente do anterior, é aquele em que o endossante não faz designação da pessoa a quem é transferida a letra. Ele é feito apenas através da assinatura do endossante no verso da letra. Nessas condições, pelo endosso em branco, a letra equipara-se a um título ao portador, suscetível de circular por meio de simples tradição manual. Será legítimo portador da mesma quem for seu detentor, a teor do disposto no art. 16 da Lei Uniforme. Admite ainda esse diploma (art. 4º) que o endossatário possa completar o endosso, antepondo o seu nome ao endosso em branco.

Relativamente aos *efeitos* do endosso, o Decreto 2.044, no artigo 43, fixa a regra de que o signatário da declaração cambial fica, por ela vinculado e solidariamente responsável pelo aceite e pelo pagamento da letra. Entretanto, a Lei Uniforme, em seu artigo 15, modificou a rigidez daquela regra, dispondo que o endosso possa ser feito sem que o endossante se responsabilize pelo aceite e pelo pagamento, desde que estabeleça no endosso cláusula especial a respeito. Essa disposição corresponde ao entendimento da Lei Uniforme, segundo o qual o endosso transmite *todos os direitos* emergentes da letra (art. 14). Dessa forma, pode o endossante, por cláusula especial, eximir-se da responsabilidade do aceite e do pagamento do título.

Os diversos endossos que podem ser lançados em uma letra formam uma *cadeia de endossos*. Essa cadeia é de suma importância para o último endossatário, que pode exercer o direito de regresso contra um ou todos os endossantes e outros coobrigados, como os avalistas. Deve, portanto, o endossatário, para não sofrer prejuízo em seu direito regressivo, atentar para a perfeita regularidade dos endossos anteriores. Assim procedendo, poderá usar do amplo direito assegurado no art. 47 da Lei Uniforme.

Afora os endossos em branco e em preto, que transferem a propriedade do título, há outras espécies de endosso que operam outros efeitos. O *endosso-mandato* ou procuração, previsto no art. 18 da Lei Uniforme, não transmite ao endossatário a propriedade mas apenas a posse do título, a fim de cobrá-lo em nome do endossante e mandante. Dessa forma, o endossatário-mandatário só pode por sua vez endossar como procurador, não transferindo a propriedade da letra. De outra parte, os coobrigados só podem invocar contra o mandatário as exceções que seriam oponíveis ao endossante. Assim como o mandante pode limitar os poderes do endossatário, este pode restringir esses poderes ao fazer um novo endosso. De acordo com a alínea 3º do citado artigo 18, o mandato que resulta de um endosso por procuração não se extingue por morte ou sobrevinda incapacidade legal do mandante. É uma disposição especial, diversa da regra geral aplicável ao mandato comum.

O art. 19 da Lei Uniforme admitiu o estabelecimento do *endosso-caução*, quando a letra de câmbio é transferida apenas como garantia de uma obrigação assumida pelo endossante. Nesse caso, o portador pode exercer todos os direitos emergentes da letra, mas um endosso feito por ele vale como endosso-procuração.

A Lei Uniforme cuida, em seu artigo 20, do endosso posterior ao vencimento do título, o *endosso tardio*, estipulando que ele tem o mesmo efeito do endosso anterior. Todavia, diz a Lei que o endosso posterior ao protesto por falta de pagamento, ou feito depois de expirado o prazo fixado para se fazer o protesto, produz apenas os efeitos de uma cessão ordinária de crédito.

10- Aceite

O *aceite* é o ato pelo qual o sacado assume o compromisso de pagar, no vencimento, a letra emitida pelo sacador. A *apresentação* é a submissão o título ao sacado, para que este o aceite, apondo a sua assinatura. A partir do momento do aceite, o sacado se torna o obrigado principal. O aceite pode ser feito por uma declaração expressa ou por simples assinatura lançada pelo sacado no anverso da letra de câmbio. Enquanto o sacado não aceita a letra, mesmo que seu nome dela conste, não tem responsabilidade para liquidação da mesma.

Se houver mais de um sacado, a regra a seguir é a constante do art. 10 do Decreto 2.044: o título deve ser apresentado inicialmente ao primeiro sacado designado, em seu domicílio, e posteriormente aos demais. Só pode legalmente aceitar o título quem tiver capacidade civil ou comercial. Se for a letra aceita por incapaz, a letra não perde a validade, subsistindo as obrigações daqueles que tiverem firmado o título, como o sacador e os avalistas.

A letra pode ser aceita por declaração expressa na mesma, ou por comunicação por escrito do sacado, de que aceita a letra. Em certos casos, para que a letra possa existir regularmente, é necessário que tenha o aceite do sacado. É o que ocorre com as letras a *tempo certo de vista*: para que flua o respectivo prazo de vencimento, é indispensável que haja o aceite do sacado.

A recusa parcial ou total do aceite antecipa o vencimento da letra. O exame dos artigos 42 e 43 da Lei Uniforme conduz a esse entendimento, ao determinar que o portador pode usar o seu direito de ação quando houver recusa de aceite antes do vencimento do título. Essa recusa comprova-se pelo protesto ou falta de aceite.

A letra de câmbio, considerando a sua apresentação e vencimento, pode ser emitida *à vista*, a *dia certo* ou determinado, a *certo termo de vista* e a *certo termo da data*, conforme o art. 33 da Lei Uniforme.

Na letra à *vista*, conforme já previa o art. 17 do Decreto 2.044 e agora o art. 34 da LUG o seu vencimento ocorre no ato da apresentação. Na prática confunde-se o aceite com o pagamento, pois o sacado reconhecendo o título procede ao seu pagamento. Esse tipo de letra não admite aceite com diferimento da época do pagamento, pois na letra à vista não há propriamente aceite, mas pagamento. Na letra à vista deve ser observado um prazo máximo para a sua apresentação, a partir da data da emissão. Esse prazo é de doze meses, a contar da data da sua emissão, conforme o art. 34 da Lei Uniforme. Pode o sacador estipular que a letra não seja apresentada ao sacado antes de uma certa data, a partir da qual fluirá o referido prazo de um ano para sua apresentação.

A letra sacada a *dia certo* constitui a espécie mais comum, pois é aquele que se vence em um determinado dia. Se o vencimento ocorrer em domingo ou feriado, fica prorrogado para o primeiro dia útil seguinte. Se ocorrer caso fortuito ou de força maior, na ocasião do vencimento, deverá a letra ser apresentada após cessados os impedimentos. Dispõe o art. 54 da Lei Uniforme que se o caso de força maior se prolongar por mais de trinta dias pode o portador promover as ações cabíveis, independentemente de apresentação de protesto. Quanto à data do vencimento, deve considerar-se o calendário do local do pagamento (LUG, art. 37).

A letra de câmbio emitida a *certo termo da vista* tem o seu vencimento no último dia do prazo contado a partir do aceite. Esse prazo deflui a partir do primeiro dia da data da emissão do título. No caso de não ser aceita a letra, o prazo para o seu vencimento é contado a partir da data do protesto por falta de aceite. É a regra do artigo 35 da Lei Uniforme. Se não constar da letra a data do aceite considera-se como se ele tivesse sido dado no último dia do prazo para apresentação.

A letra a *certo termo da data* tem o seu prazo de vencimento a contar da data da emissão. Para esse tipo de letra, é obrigatório seja consignada na mesma a data da emissão. A contagem do prazo do vencimento obedece à regra consignada no art. 36 da Lei Uniforme.

Contrariamente ao que dispunha a lei brasileira, a Lei Uniforme admite a letra *não aceitável* ou não sujeita a aceite, vedando, no título, a apresentação do mesmo para aceite ao sacado, apesar de consignado o nome deste. Nesse caso, a letra só será apresentada ao sacado para pagamento. Fica excluída a cláusula da "não aceitação" quando o pagamento for feito em domicílio de terceiro ou em localidade diversa do domicílio do sacado, ou ainda se a letra for sacada a certo termo de vista, pois neste último caso o vencimento do título depende do aceite ou da recusa do aceite pelo sacado.

Por motivos diversos, pode ocorrer a *falta* do aceite. Para preservar seus direitos, o portador ou beneficiário terá de proceder ao protesto do título, a fim de que comprovada fique a falta do aceite. Situação mais grave é a da *recusa* do aceite, que caracteriza a deliberada manifestação do sacado em não atender à ordem do sacador. Até o lançamento da sua assinatura na letra, não tem o sacado nenhuma obrigação cambial. Sem o compromisso expresso através de sua assinatura, não tem o sacado obrigação de pagar o título. Entretanto, de acordo com o art. 29 da Lei Uniforme, se houver informado antes, por escrito, a um dos signatários, que aceita o título, a sua recusa posterior não tem validade perante aquele mesma pessoa, ficando responsável pelo aceite perante esta pessoa. A recusa do aceite pode ser tácita ou expressa, quando o sacado consigna no título que não o aceita.

O sacado pode *limitar* o aceite, declarando expressamente que aceita apenas até uma determinada quantidade, inferior ao valor do título. Nesse caso, o sacador é responsável pelo não aceite.

Em caso de limitação do aceite, o portador deve tirar protesto, sob pena de perder o direito de regresso. Tirando o protesto, o portador pode não só exigir do sacado a importância aceita como do sacador e outros coobrigados a parte não aceita. Sobre essa parte não aceita, havendo protesto, pode o portador usar da ação de cobrança antes do vencimento (LUG, art. 43).

Além de limitar, pode o aceitante *modificar* o aceite alterando um dos seus itens, como a data de vencimento, o lugar do pagamento, a espécie da moeda em que o valor do título será pago. A hipótese é regulada na alínea 2 do art. 26 da Lei Uniforme.

O sacado é o obrigado principal na letra de câmbio, pois a ele é dirigida a ordem de pagamento, e com o aceite ele se obriga a cumpri-la. De acordo com o art. 13 da nossa lei cambial, o aceite, uma vez firmado, não podia ser cancelado nem retirado. A Lei Uniforme alterou o princípio, admitindo o *cancelamento* do aceite em determinado caso. Permitindo a Lei geral, em seu art. 24, que o sacado peça representação da letra em 24 horas, se a mesma ficar com o sacado pode ocorrer que este lance o aceite e antes de a devolver risque o mesmo aceite. Nesse caso, o aceite é considerado anulado. Entretanto, tal cancelamento, para ser admitido, tem de ser feito antes da devolução do título ao portador.

Pode ocorrer, em uma cadeia de endossos, que o título venha a ser endossado ao aceitante e este o reendosse a terceiro. No vencimento da letra, deverá o aceitante pagar o título a quem for seu portador. Se o aceitante não pagar, o portador deverá protestar o título, exercendo o direito de regresso contra os endossantes, inclusive contra o que foi aceitante.

A Lei Uniforme admite o aceite por *intervenção*, regulando a espécie nos artigos 56, 57 e 58. Pode ocorrer quando o portador de uma letra aceitável tem direito de ação antes do vencimento. Portanto, ocorre o aceite por intervenção após o protesto. A intervenção pode ser *voluntária* ou por pessoa *indicada*. Neste último caso, o portador só pode exercer o direito de regresso ou fazer o protesto após a recusa do aceite pela pessoa indicada. O título deve ser apresentado para aceite somente em caso de necessidade, isto é, quando não for logrado o aceite direto do sacado. O aceite voluntário ocorre quando uma pessoa se apresenta para aceitar a letra; honrando a assinatura de qualquer um dos coobrigados. Para tanto, é necessário que o portador concorde com a intervenção voluntária.

11- Aval

O aval é a garantia dada pelo signatário ou por terceiro, de que a letra de câmbio será paga nas condições constantes da mesma. Essa garantia reforça o pagamento do título, pois acresce a ele mais um obrigado. Quando este é o próprio signatário do título, a garantia pessoal se torna dupla.

Aquele que dá o aval se denomina *avalista*, e aquele em favor de quem é assumida a obrigação se chama *avalizado*. O avalista e obrigado solidário, em favor de quem é dado o aval.

Relativamente à natureza jurídica, o aval é um instituto próprio de direito cambiário, inconfundível com a fiança. Enquanto o aval é autônomo, a fiança é garantia acessória. Por isso, pela autonomia da obrigação, para que uma pessoa preste o aval, é necessário que tenha capacidade, nos termos do prescrito no artigo 42 do Decreto 2.044. A Lei Uniforme, no art. 32, dispõe que "o doador do aval é responsável da mesma maneira que a pessoa por ele afiançada". Houve "má tradução do texto em português", conforme alerta o Prof. Rubens Requião, ao ser traduzida a palavra "garant" por afiançada. O mesmo dispositivo deixa bem clara a autonomia do aval, quando diz que a sua obrigação mantém-se, mesmo no caso de a obrigação que ele garantiu ser nula por qualquer razão que não seja um vício de forma.

A alínea 3ª do artigo 32 dispõe que se o dador do aval não pagar a letra, fica sub-rogado nos direitos emergentes da letra contra a pessoa a favor de quem foi dado o aval e contra os obrigados para com esta em virtude da letra. Analisando essa disposição, Fran Martins observa que houve uma impropriedade na tradução do texto francês, pois na espécie não ocorre uma subrogação. O que há é uma "aquisição' de direitos por parte do avalista que paga a letra". "É um direito próprio, oriundo do pagamento da letra e não obtido por meio de uma subrogação" (Títulos de crédito, pág. 94).

A Lei Uniforme, no artigo 31, dispõe que o aval é escrito na própria letra ou numa folha anexa, consistente na simples assinatura do dador ou de seu mandatário especial. Deve a assinatura ser aposta na face anterior da letra, salvo se se tratar das assinaturas do sacado ou sacador, quando poderão ser apostas em qualquer parte do título. Deve ser indicado a favor de quem é dado o aval, pois, se tal não constar da letra, se presume que o foi em benefício do sacador, regra da Lei Uniforme que modificou o art. 15 do Decreto 2.044, segundo o qual, na falta de indicação, se presumia o aval em favor do aceitante, e, não estando a letra aceita, em benefício do sacador.

Relativamente à extensão da garantia, questão nova surgiu com o advento da Lei 4.121, de 1962. Até então se entendia desnecessária a outorga da mulher. Entretanto, em face do art. 3º daquela lei, tanto o marido como a mulher somente podem se obrigar a pagar até o limite da respectiva meação nos bens da sociedade conjugal. Assim, para que o patrimônio do casal constitua garantia para o aval firmado pelo marido, é necessário que a mulher assine com o mesmo ou lhe dê expressa autorização para firmá-lo.

A Lei Uniforme, na alínea segunda do artigo 32, introduziu uma regra importante sobre a validade do aval, quando a assinatura da pessoa que foi por ele garantida for considerada nula. Ainda nesse caso se considera válido o aval, em razão do princípio da autonomia das obrigações cambiais. O aval, portanto, não é atingido pela ineficácia, ou nulidade de assinatura do avalizado.

A antecipação do aval é um princípio inserido no artigo 14 do Decreto 2.044, segundo o qual o pagamento de uma letra de câmbio, independente do aceite e do endosso, pode ser garantido por aval. Essa norma não foi modificada pela Lei Uniforme. Autores consagrados, como Carvalho de Mendonça, consideram o aval antecipado como uma obrigação condicional, dependente da existência da obrigação avalizada. Entretanto, outros autores, como Eunápio Borges e Rubens Requião, entendem, com razão, que, em face do princípio da autonomia das obrigações, é válido o aval em favor do sacado, mesmo que a letra não venha a ser aceita. Em caso de endosso, se este não se concretizar, e tiver sido dado antecipadamente aval garantindo o endossante, nenhum compromisso subsiste para o avalista, pois inexiste o endosso.

Em razão da regra inserida no art. 30 da Lei Uniforme, o aval pode garantir todo ou em parte do pagamento do título. Pode, assim, ser limitado o aval.

Admite-se que uma ou mais pessoas possam garantir o pagamento da letra de câmbio. Os avalistas podem ocupar duas posições: simultâneos ou sucessivos. *Simultâneos* são os avalistas que garantem um mesmo avalizado; e *Sucessivos* os avais em que um garante o outro sucessivamente. Para esclarecer dúvidas, cumpre lembrar a Súmula número 198 do Supremo Tribunal Federal: "avais em branco e superpostos consideram-se simultâneos e não sucessivos". O credor, em qualquer caso, pode cobrar de um ou mais avalistas, tendo em conta o artigo 15 do Decreto 2.044 e o art. 32, alínea primeira, da Lei Uniforme.

12- *Vencimento*

O vencimento da letra de câmbio ocorre quando o prazo do crédito representado pelo título chega ao seu término. Chegado o prazo ao fim estipulado na letra, o qual deve ser preciso, torna-se a mesma exigível. Se aceita, deve ser paga pelo aceitante. Se não aceita, a obrigação deverá ser satisfeita pelos que nela intervieram, garantindo o pagamento da mesma.

A Lei cambial brasileira e a Lei Uniforme estabeleceram modalidades específicas de letras de câmbio, de acordo com as respectivas épocas de vencimento. Na conformidade do art. 6º do Decreto 2.044 e do artigo 33 da LUG, existem as seguintes modalidades: à vista, a dia certo, a certo termo de vista e a certo termo de data. Para cada uma existe uma determinada época de vencimento.

A letra passada *à vista* tem seu vencimento no ato da apresentação ao sacado, conforme o art. 17 da Lei nacional e o art. 34 da Lei Uniforme. A apresentação do título constitui se *à vista*, e neste momento o sacado toma conhecimento do mesmo e resolve se vai aceitar a ordem e pagar a letra. Nessa modalidade não há aceite, por ser inútil, pois o título deve ser pago na apresentação.

Em hipótese de recusa do pagamento, cabe ao portador protestar a letra, a fim de que possa exercer o direito de regresso contra o sacador e avalistas. Apesar de ser um título para pagamento à vista, não pode o portador ficar com o mesmo indefinidamente em seu poder. Deve apresentá-lo para pagamento dentro do prazo de 12 meses, a contar da data de sua emissão. Se o sacador estipular, no título, que este deva ser apresentado em determinada data, a partir desta correrá o prazo de 12 meses para apresentação ao sacado.

A letra de câmbio pode ser emitida *a dia certo*, o que comumente ocorre, vencendo-se no dia consignado no título. Se tal dia for domingo ou feriado, a apresentação ao sacado deverá ocorrer no primeiro dia útil seguinte. Em hipótese de ocorrer caso fortuito ou de força maior, deverá a letra ser apresentada após cessados esses impedimentos (art. 20 § 3º do Decreto 2.044 e art. 54 da LUG). Prolongando-se os impedimentos por mais de 30 dias, pode o portador promover as ações cabíveis, sem que haja necessidade de apresentação e protesto

De acordo com o artigo 37 da Lei Uniforme, se a letra deve ser paga em um dia fixo em um lugar que o calendário é diferente do calendário do lugar da emissão, a data do pagamento considera-se fixada segundo o calendário do lugar de pagamento. Essa regra veio modificar a lei brasileira, cujo artigo 18 dispunha que sacada a letra onde vigorasse outro calendário, sem a declaração do adotado, verificava-se o termo de vencimento; contando-se o dia do calendário gregoriano, correspondente ao da emissão da letra pelo outro calendário.

Considera-se a *letra a certo termo de vista* quando o prazo de vencimento dê conta da data do aceite, ou, na falta do protesto. O seu vencimento se dará, normalmente, no último dia do prazo, a partir da data do aceite, iniciando-se a contagem do prazo a partir do primeiro dia após o aceite.

Na hipótese de não ser a letra aceita, sendo levada a protesto, a partir da data deste deve ser contado o prazo de vencimento. Faltando a data no aceite, entende-se como tem sido dado no último dia do prazo para apresentação, conforme a regra do artigo 35 da Lei Uniforme.

Na letra passada a *certo termo da data*, o sacador fixa o prazo, a partir da emissão, em que a mesma se vencerá, consignando: "a tantos dias desta data". O título tem o seu vencimento no último dia do prazo, não se contando o dia em que foi sacado, conforme o artigo 17 da Lei nacional e o artigo 73 da Lei Uniforme. O artigo 36 da Lei Uniforme trouxe regras precisas sobre as datas de vencimento em casos especiais. Uma letra sacada a um ou mais meses da data, o seu vencimento será na data correspondente do mês em que o pagamento se deve efetuar. Na falta de data correspondente, o vencimento será no último dia do mês. Outras regras complementares elucidam as datas de vencimento da letra sacada a certo termo de vista ou de data.

A ocorrência de certos fatos antecipa o vencimento da letra. Assim, a falta ou a recusa do aceite, a falência do sacado, e a falência do sacador, se não tiver sido aceita a letra, antecipam o vencimento da mesma.

13- Pagamento

O pagamento é a satisfação da obrigação cambial contida na

letra de câmbio. Sendo a mesma uma ordem de pagamento, somente quando realizado este o título alcança seu objetivo. O pagamento é realizado pelo sacado ou por um dos que lançaram sua assinatura no título obrigando-se à satisfação da obrigação, como o sacador, os endossantes ou avalistas.

Sendo um título formal, que assegura ao portador os direitos nele descritos, tem como condição essencial para o seu pagamento a apresentação ao obrigado principal, na data do vencimento. A apresentação deve ser feita ao aceitante ou, conforme o caso, ao sacado ou a qualquer coobrigado, como o endossante. Vigora a regra escrita no artigo 20 do Decreto 2.044: a apresentação para pagamento deve ser feita no lugar designado e no dia do vencimento, ou, sendo este dia feriado, no primeiro dia útil imediato, sob pena de perder o portador o direito de regresso contra o sacador, endossadores e avalistas.

Cabe ao legítimo detentor do título apresentá-lo para pagamento. São legítimos detentores o tomador, o endossatário, em caso de endosso, ou o portador, se houver endosso em branco. Este último tem o seu direito assegurado no artigo 16 da Lei Uniforme de Genebra.

Deve a letra ser apresentada ao sacado ou, em caso de aceite, ao aceitante. Se o sacado recusou o pagamento, resta ao credor tirar o devido protesto, a fim de exercer o direto de regresso contra os coobrigados. Se houver recusa de pagamento por parte do aceitante que é o obrigado principal, deve o título ser levado a protesto, a fim de que seja exercido o direito de regresso.

Existindo outros sacados designados, deve a letra ser apresentada aos mesmos, se a mesma não for paga pelo aceitante, conforme estipula o artigo 60 da Lei Uniforme. Existindo avalistas do aceitante, pode o credor apresentar o título a qualquer um deles, pois estão em igual posição com o avalizado, de acordo com o artigo 32 da Lei Uniforme.

Ao pagar a letra, tem o sacado o direito de exigir a entrega da mesma, devidamente quitada. Na época do vencimento, não pode o credor, ou legítimo portador, recusar o pagamento, podendo, entretanto, recusar o pagamento antecipado.

Para quem paga é importante verificar a regularidade dos endossos em preto, quando a letra tiver sido endossada. Em uma sucessão de endossos, não é necessário a comprovação da autenticidade de todas as assinaturas, mas somente a do último endossante, posto que o pagamento de boa fé, ao portador, é liberatório.

De acordo com o artigo 1º e 5º, da Lei Uniforme, deve constar da letra a indicação do lugar em que a mesma será paga. Entretanto, tal formalidade não é essencial, pois, conforme o artigo 2º da mesma Lei, não figurando na letra o lugar designado para pagamento, este deve ser efetuado no lugar que figurar ao lado do nome do sacado. Se, ainda, inexistir essa última indicação, o lugar do pagamento é o do domicílio do devedor.

Ocorrendo a indicação de mais de um lugar para pagamento, cabe ao portador o direito de escolha, na forma do § 1º do artigo 20 da Lei Brasileira.

O pagamento de uma letra pode ser obstado, no vencimento, se for apresentada *oposição* ao mesmo. Se houver pagamento antes do vencimento, aquele que pagar fica responsável pelo pagamento. A Lei nacional, em seu artigo 23, parágrafo único, admite que ocorra oposição ao pagamento somente nos casos de extravio da letra, de falência ou incapacidade do portador para recebê-lo. Em caso de extravio, na forma do artigo 36 da Lei nacional, cabe ser feita intimação por via judicial ao sacado, ao aceitante e aos coobrigados para não pagarem o título. Na falência do portador, cabe ao síndico promover a oposição. Em caso de incapacidade do portador, qualquer pessoa interessada no pagamento pode apresentar oposição.

A Lei Uniforme não enumerou os casos de oposição. Apenas estabeleceu, no artigo 40, a regra de que aquele que paga uma letra no vencimento fica validamente desobrigado, salvo se da sua parte tiver havido fraude ou falta grave.

A Lei Uniforme, em seu artigo 59, dispõe sobre o *pagamento por intervenção*, o qual pode realizar-se em todos os casos em que o portador de uma letra tem direito de ação à data do vencimento ou antes dessa data. A mesma Lei, em seu artigo 43, indica os casos em que ao portador assiste ao direito de ação contra o endossante, sacador e outros coobrigados: 1- no vencimento, quando não foi feito o pagamento; 2- antes do vencimento. Nesse último caso, nas seguintes hipóteses: a) se houver recusa total ou parcial do aceite; b) se houver falência do sacado, tenha ou não ele aceite, se houver suspensão de pagamentos do mesmo, ainda que não constatada por sentença, ou de ter sido promovida, sem resultado, execução dos seus bens; c) nos casos de falência do sacador de uma letra não aceitável.

Para ser comprovada a recusa do pagamento, é necessário que o portador leve o título a protesto, garantindo assim o seu direito de regresso. O mesmo deve ser feito em caso de suspensão de pagamento ou de execução de bens do sacado do aceitante ou do sacador. É a regra do artigo 44 da L.U.G.

Na Lei nacional, a matéria está prevista no artigo 40, parágrafo único, ao dispor que o interveniente voluntário que paga fica subrogado em todos os direitos daquele cuja firma foi por ele honrada.

O pagamento por intervenção deve compreender a totalidade da dívida e, conforme o artigo 59 da Lei Uniforme, deve ser feito o mais tardar no último dia em que é permitido fazer o protesto por falta de pagamento.

Não está obrigado o portador a aceitar o pagamento por intervenção. Entretanto, se recusá-lo perde o seu direito de ação contra aqueles que teriam ficado desonerados (art. 61 da Lei Uniforme). Na letra deverá ser lançado o recibo de pagamento por intervenção, indicando o nome por honra de quem foi feito, presumindo-se que tenha sido feito por honra do sacador no caso de falta dessa indicação (art. 82).

Se diversas pessoas se apresentarem para pagar por intervenção, será dada preferência àquela que desonerar maior número de coobrigados (art. 63 da Lei Uniforme e art. 35, § 3º, da Lei nacional).

A Lei nacional, em seu artigo 25, admitia que a letra fosse paga em moeda estrangeira. A Lei Uniforme, no art. 41, estabelece regras para conversão de moeda estrangeira em moeda nacional, quando o pagamento for estipulado em moeda estrangeira. A forma de conversão será feita de acordo com o que dispuser a legislação brasileira (artigo 7º do Anexo II).

14- Protesto

O protesto é o ato solene e público que se destina a comprovar a recusa do aceite ou do pagamento da letra de câmbio. É uma medida que faz prova plena de que o credor exigiu do obrigado cambial a satisfação da obrigação representada no título. Não se confunde com o protesto judicial, que objetiva prevenir responsabilidade e prover à conservação e ressalva de direitos.

Não tendo o efeito de criar direitos, o protesto é formalidade extrajudicial de prova, que pode ou não ser exercida pelo credor. Entretanto, é instrumento essencial para o uso do direito de regresso, posto que somente de posse do mesmo pode o credor agir contra os coobrigados na letra. Por esse motivo, excluída a letra com a cláusula "sem protesto", tem-se esse protesto como *obrigatório*, ao lado do protesto *facultativo*, que seria meramente probatório, objetivando constituir o devedor em mora.

Relativamente à prescrição cambiária, não tem o protesto o efeito de a interromper, conforme a Súmula 153 do Supremo Tribunal. O prazo prescricional é de três anos, a contar do seu vencimento, segundo dispõe o artigo 70 da Lei Uniforme, prazo dentro do qual deverá ser feito o protesto. A interrupção desse prazo prescricional só pode ser feita por meio judicial, na forma prescrita no Código de Processo Civil.

Em sua obra "Curso de Direito Comercial", o Professor Rubens Requião enumerava os casos em que o protesto é necessário, conforme a Lei Uniforme: "a) no de falta de aceite ou pagamento, para conservar os direitos do portador contra os outros coobrigados, a exceção do aceitante (arts. 44 e 53, al. 2); b) no de letra pagável a certo termo de vista, em que houver falta de data, para o efeito de constatar essa omissão e o portador conservar os seus direitos de regresso contra os endossantes e contra o sacador (art. 25); c) no de ter sido indicada uma pessoa para aceitar ou pagar, por intervenção, e esta não o tenha feito, para exercer o seu direito de ação antes do vencimento, contra o que fez a indicação (art. 56, al. 2); d) no de ter sido a letra aceita por intervenientes e não ser paga, para conservar o direito de regresso contra aquele que tiver indicado as pessoas para pagarem em caso de necessidade (art. 60); e) no de pluralidade de exemplares, para o portador poder exercer seu direito de regresso, quando o que enviar ao aceite uma das vias, e a pessoa em cujas mãos se encontrar não entregue essa via ao portador legítimo doutro exemplar, para poder exercer o seu direito de ação (art. 66) no de cópia, se a pessoa em cujas mãos se encontre o título original se recusar a entregá-lo ao legítimo portador da cópia, para exercer o seu direito de ação contra as pessoas que tenham endossado ou avalizado a cópia (art. 68, al. 2)".

O processamento do protesto cumpre ser feito pelo oficial do respectivo cartório, dentro de formalidades específicas. Recebido o título, o oficial lança-o num protocolo próprio, denominando-se esse ato de *apontamento*. Logo após, deve o oficial notificar ao sacado, ou aceitante, de que a letra se encontra em cartório para protesto, solicitando-lhes que a aceitem ou paguem, ou, se não desejarem assim proceder, justifiquem os motivos de sua recusa.

Essa intimação deve ser feita por escrito, através de serventuários do cartório ou pelo correio. Não sendo encontrada a pessoa, será publicado na imprensa um aviso, para conhecimento de terceiros. Podem o sacado ou aceitante comparecer em cartório e aceitar ou pagar o título, suspendendo-se o protesto, sendo a letra entregue ao proprietário em caso de aceite, ou a importância paga em caso de pagamento.

Se for tirado o protesto pelo oficial, do respectivo instrumento devem constar todos os requisitos constantes dos itens I a VII do art. 29 do Decreto 2.044. Cabe destacar que se constar da letra declaração firmada recusando o aceite ou pagamento, é dispensável a intimação, que não teria nenhuma utilidade pois o sacado já recusara o aceite ou o aceitante recusara o pagamento.

Conforme as causas determinantes do protesto, variam os prazos para sua apresentação. Quando o protesto for falta de aceite, deve aquele ser feito no prazo para apresentação ao aceite. Se for por falta de pagamento, na letra pagável à vista o protesto deve ser feito no prazo de um ano. Na letra pagável em dia fixo ou a certo termo de vista, deve o protesto ser feito num dos dois dias úteis seguintes àquele em que a letra é pagável. Essas as regras vigentes, consignadas no artigo 44 da Lei Uniforme.

Exige a mesma Lei, em seu artigo 45, que o portador que tiver mandado fazer o protesto deve avisar da falta de aceite ou de pagamento o seu endossante e o sacador dentro dos quatro dias úteis que se seguirem ao dia do protesto ou da apresentação, sob pena de responder pelo prejuízo resultante da negligência, até o limite da importância da letra. Por sua vez, cada endossante tem o prazo de dois dias para dar aviso ao endossante imediatamente anterior.

O protesto, após tirado pelo oficial, pode ser *anulado*, desde que não tenham sido cumpridas as formalidades legais respectivas.

Além da anulação, tem a jurisprudência admitido o *cancelamento* do protesto por falta de pagamento, embora tirado com atendimento de todas as formalidades, havendo a concordância do credor, devidamente satisfeito. Através, pois, de decisões dos tribunais vem se fazendo vitoriosa a corrente doutrinária que sustenta a prodecência do cancelamento do protesto, quando provado que o credor foi atendido em seu direito, não se justificando permaneça o registro do protesto, prejudicial ao crédito do devedor que satisfez suas obrigações.

A Corregedoria Geral da Justiça do Rio Grande do Sul, visando a regulamentar o *cancelamento de protestos*, expediu, em 29 de janeiro de 1976, o provimento nº 4/76, do seguinte teor:

"O DESEMBARGADOR PAULO BOECKEL VELOSO, CORREGEDOR GERAL DA JUSTIÇA, no uso de suas atribuições legais,

Considerando que a Lei 6.268, de 24 de novembro de 1975, permitiu a averbação de pagamento de títulos protestados e regulou a forma por que é feita;

Considerando que, facultando tal providência, o diploma legal excluía a possibilidade de cancelamento de protestos, medida mais drástica e radical que a que prevê;

Considerando que o provimento nº 3/75 desta Corregedoria entra em choque com o disposto na Lei aludida.

Resolve baixar o seguinte Provimento:

Art. 1º - Fica revogado o Provimento nº 3/75, não mais se permitindo o cancelamento de protesto de títulos cambiais, em face de prova de pagamento, e mediante pedido feito ao titular do ofício.

Parágrafo único - O oficial de protestos poderá fazer apenas a averbação de pagamento, nos termos e na forma previstos na Lei 6.268, de 24 de novembro de 1975.

Art. 2º - Entende-se como prova de pagamento, mencionada no art. 2º da Lei 6.268, a quitação constante do título, ou de documento avulso, subscrito pelo credor, com firma reconhecida, com sua qualificação completa, inclusive o número de algum dos documentos enumerados no art. 3º da Lei 6.268, bem como os dados indispensáveis a comprovar a vinculação da quitação com o título quitado.

Art. 3º - Em todos os instrumentos de protestos se fará menção dos elementos exigidos pelo citado art. 3º.

Art. 4º - Nas certidões referidas pelo art. 2º da Lei nº 6.268, será mencionada, além da averbação do pagamento, também a circunstância de que a mesma elimina "a eficácia do protesto em relação ao credor, ressalvados direitos de coobrigados e terceiros, nos termos da Lei".

Art. 5º - Nas certidões negativas de protestos só se aludirá a existência de apontamentos contra o devedor se este expressamente e por escrito o requerer, ou por requisição judicial.

Parágrafo único - Só nesses casos se fornecerão informações a respeito de tais apontamentos.

Art. 6º - Revogam-se as disposições em contrário."

Atualmente, a matéria se encontra regulamentada pela Lei nº 6.690, de 25 de setembro de 1979.

De acordo com esse diploma, será cancelado o protesto de títulos cambiais posteriormente pagos mediante a exibição e a entrega, pelo devedor ou procurador com poderes especiais, dos títulos protestados, devidamente quitados, que serão arquivados em cartório (art. 29).

Será necessária a apresentação dos originais dos documentos protestados.

Se não puder ser apresentado o título protestado, poderá ser apresentada uma declaração de anuência de todos que figurarem no registro do protesto. Cancelamento de protesto, por outro fundamento que não o posterior pagamento do título, somente se efetuará mediante determinação judicial.

Cancelado o protesto, das certidões expedidas posteriormente não constarão nem o protesto nem o seu cancelamento, a não ser que seja pedido do devedor ou requisição judicial.

Também somente a pedido do devedor ou a requisição judicial serão fornecidas informações ou certidões a respeito de apontamentos. As averbações feitas até a data de entrada em vigor da referida lei (26/09/1979) serão havidas como cancelamento de protesto.

15- Ressaque

Não sendo a letra paga pelo devedor, o credor promove o protesto da mesma. Se não lograr o pagamento amigável, tem o credor direito de agir judicialmente, mediante a ação de execução, com fundamento no artigo 49 do Decreto 2.044 e art. 585, I, do Código de Processo Civil.

Pode, entretanto, o credor usar de outro meio para exigir seu crédito, consistente no ressaque, previsto no art. 32 da Lei nacional e no art. 52 da Lei Uniforme. Consiste o mesmo no saque de uma nova letra, contra qualquer dos obrigados, para pagamento à vista. O obrigado que pagar desonera os demais, ficando entretanto com direito regressivo contra estes, podendo inclusive sacar nova letra à vista.

Na nova letra, o portador poderá incluir os juros legais, despesas de avisos, custa de protesto e despesas bancárias, se for o caso, inclusive a diferença de câmbio quando houver. Com a nova letra, deve ser enviada a letra protestada, o instrumento de protesto e a conta de retorno. Esta consiste em um documento em que são especificadas as despesas cobradas, contendo o nome do ressacado e a assinatura do ressacante.

Essa prática não é usada, sendo de preferência dos portadores de cambiais o exercício da cobrança por via executiva.

Capítulo II
NOTA PROMISSÓRIA

1- *Conceito*

No elenco dos títulos cambiais, a nota promissória sobressai pela sua importância dentro das relações comerciais, sua larga difusão e generalizado emprego.

É a nota promissória uma promessa de pagamento de determinada importância em dinheiro. É promessa direta estabelecendo uma relação imediata entre devedor e credor. Fran Martins a conceitua como "a promessa de pagamento de certa soma em dinheiro, feita, por escrito, por uma pessoa, em favor de outra ou à sua ordem" (Títulos de crédito, vol I, pág. 391).

A nota promissória é um título formal, literal e abstrato, nele figurando duas pessoas: o *devedor, sacador, emitente,* ou *subscritor*, que se obriga a pagar a quantia consignada na nota, e o *credor, beneficiário, tomador* ou portador declarado, em favor de quem deverá ser paga a importância determinada.

Distingue-se a nota promissória da letra de câmbio pela natureza da relação pertinente a cada título. Ao passo que a primeira é uma *promessa* de pagamento, do devedor para o credor, a segunda é uma *ordem* de pagamento, do sacador para o sacado, em benefício do tomador.

Como o emitente da nota promissória é o responsável principal pelo pagamento, considera-se a mesma a cambial própria, de vez que a obrigação é direta. Não há, portanto, aceite na nota promissória, pois o título, ao ser emitido, está completo.

Ao passo que a letra de câmbio foi minuciosamente regulamentada na Lei nacional e na Lei Uniforme, a nota promissória mereceu tratamento apenas nos artigos 54 e 55 da primeira Lei e nos artigos 75 a 78 da segunda. Contudo, a nota promissória, entre os dois, é o título mais difundido, sobretudo nas operações de empréstimo a dinheiro.

2- Histórico

Encontra-se no direito antigo referências à existência de documentos escritos em que eram consignadas declarações de dívidas pecuniárias, feitas pelos devedores em favor dos credores. Entre os romanos, as declarações de dívida por escrito eram denominadas *Chirographos*.

Na Idade Média, durante o denominado *período Italiano* da história da letra de câmbio, surgiu um documento nas transações comerciais que é considerado como o que deu origem à nota promissória. Constituía-se num promessa de pagamento, feita por escrito, dos banqueiros para os comerciantes, quando os mesmos recebiam destes determinadas importâncias em depósitos. Alguns autores entendem que a nota promissória, no período medieval, surgiu posteriormente à letra de câmbio, como um documento decorrente das transações feitas com esta.

O código francês de 1807 trata a nota promissória sob a denominação de "billet à ordre", considerada inicialmente como um título cível, vindo posteriormente a ser também comercial. Depois do código francês, as demais legislações passaram a regular o uso da nota promissória.

O código comercial brasileiro não dispensou maior atenção à nota promissória. Nos artigos 354 a 424 dispôs minuciosamente sobre a letra de câmbio, introduzindo no artigo 425 as *letras de terra*, iguais às letras de câmbio, porém para serem emitidas e aceitas na mesma província. No artigo 426, o código equiparou as notas promissórias às letras de terra. No artigo seguinte, mandou aplicar às promissórias as regras relativas às letras de câmbio.

O Decreto 2.044, de 1908, que tem força de Lei interna, regulamentou a letra de câmbio e a nota promissória. Dedicou à promissória apenas os artigos 54 e 55, dando as características da mesma e editando que a ela se aplicam os dispositivos reguladores da letra de câmbio, exceto os que se referem ao aceite e às duplicatas.

Dessa forma, são comuns a ambos os títulos as regras referentes ao endosso, aval, vencimento, pagamento, intervenção, protesto, prazos e prescrição.

A Lei Uniforme trata da nota promissória (billet à ordre) nos artigos 75 a 78, que dispõem sobre os requisitos, validade do título e aplicações ao mesmo de regras diferentes à letra de câmbio.

3- Requisitos

Título formal, a nota promissória possui *rigor cambiário*, como a letra de câmbio, devendo por isso estar revestida de requisitos essenciais e indispensáveis, sob pena de perder a natureza do título que é.

Vale lembrar a advertência do art. 76 da Lei Uniforme, similar ao § 4º do art. 56 da Lei nacional: "o título em que faltar algum dos requisitos indicados no artigo anterior, não produzirá efeito como nota promissória".

Documento escrito, a nota promissória é uma promessa de pagamento, representando uma obrigação direta do devedor para o credor. É pois um ato unilateral do emitente, desvinculado do negócio que lhe deu causa. Vale o título pelo o que está escrito no seu texto.

Assim, os requisitos essenciais da promissória devem estar consignados no seu texto. São os seguintes:

a) a denominação "nota promissória", expressa no contexto do título, na língua empregada para a redação do mesmo. Esse requisito é a denominada *cláusula cambiária*, exigido igualmente para a letra de câmbio.

Se for emitida a promissória em língua estrangeira, a denominação deve ser aquela correspondente à nota promissória, conforme dispunha o art. 54, I do Decreto 2.044. Se emitido o título em francês, deverá ser usada a expressão "billet à ordre", ou se for em espanhol, para circulação na Argentina, a denominação será "billete a la orden", "pagaré". Em Portugal, a nota promissória se denomina "livrança" e com este nome deverá ser escrita.

b) a promessa pura e simples de pagar uma quantia determinada. A promessa de pagamento, sem condições, deve constar do texto, necessariamente. A quantia a ser paga, com exatidão, deve ser consignada, por extenso ou em algarismos. Se for escrita mais de uma vez apenas em algarismos ou apenas por extenso, havendo divergência prevalece a importância menor, conforme o art. 6º. De outra parte, se for escrita por extenso e em algarismos, havendo divergência vale a importância consignada por extenso.

c) o nome da pessoa a quem ou à ordem de quem deve ser paga. Inexistindo nota promissória ao portador, da mesma deve necessariamente constar o nome do credor. Promissórias em branco, conseqüentemente, não tem valor, pois contrariam a legislação.

d) a indicação da data em que é emitida ou passada. A Lei Uniforme estabeleceu a obrigatoriedade de ser consignada na promissória a data de emissão, modificando nesse aspecto a norma inserida no artigo

54, § 1º, do Decreto 2.044, que outorgava ao portador mandato presumido para colocá-la no título na ausência de data. A data deve ser completa: dia, mês e ano, sendo o mês escrito por extenso.

e) a assinatura do emitente ou subscritor. Deve ser do próprio punho ou de procurador com poderes especiais. É indispensável essa assinatura, no ato da emissão da nota promissória, pois esta não está sujeita a aceite. Se a emissão for pessoal, a assinatura será aquela que identificar a pessoa. Se for do mandatário, deve haver mandato com poderes especiais para firmar promissória, sob pena daquele que assinar responder pessoalmente, conforme o artigo 46 da Lei nacional e o artigo 8º da Lei Uniforme. Há outros requisitos da nota promissória, mencionados na Lei Uniforme, que não são essenciais, pois admite que existam títulos sem os mesmos. A época do pagamento, o lugar da emissão da promissória são requisitos do título, mas que podem não figurar do mesmo. Na falta de indicação da época do pagamento, presume-se que seja à vista: inexistindo indicação do lugar em que foi emitido, considera-se como tendo sido o título passado no lugar designado ao lado do nome do emitente. Na falta de indicação especial, o lugar onde o título foi passado considera-se como sendo o lugar de pagamento e, ao mesmo tempo o lugar do domicílio do subscritor. Essas as regras especiais abrigadas no artigo 76 da Lei Uniforme.

4- A lei uniforme e a nota promissória

Afora os dispositivos mencionados, relativos aos requisitos, outros constam da Lei Uniforme, especificamente aplicáveis à nota promissória.

Assim, como princípio geral, o art. 77 da Lei Uniforme determina que são aplicáveis às notas promissórias, na parte em que não sejam contrárias à natureza deste título, as disposições relativas às letras de câmbio concernentes a endosso, vencimento, pagamento, direito de ação por falta de pagamento, pagamento por intervenção, cópias, alterações, prescrição, dias feriados, contagem dos prazos, aval, juros e outras disposições especiais que menciona.

Entretanto, certos institutos são incompatíveis com a nota promissória, como o de aceite e da duplicata. Sendo a promissória uma promessa direta, não comporta aceite, pois nela se *fundem* saque e aceite. A Duplicata pode existir na letra de câmbio, como garantia do portador contra o risco de extravio da mesma. A medida é expressamente permitida no artigo 64 da Lei Uniforme e 16 da lei nacional. Como o emitente da nota promissória se equipara ao aceitante da letra de câmbio, ele só pode firmar uma nota promissória, pois teria sua obrigação multiplicada por tantas duplicatas quantas assinasse.

A ação cambial contra o emitente ou avalistas, na conformidade do artigo 70 da Lei Uniforme, que alterou o prazo consignado no artigo 12 do Decreto 2.044, prescreve em três (3) anos, a contar da data do vencimento do título.

5- O Registro

Conforme já foi referido, o governo, visando coibir o chamado "mercado paralelo", instituiu, pelo Decreto-Lei nº 427, de 22 de janeiro de 1969, o registro obrigatório, nas repartições competentes, de todas as notas promissórias e as letras de câmbio emitidas até aquela data, e das emitidas posteriormente, dentro do prazo de 15 dias da emissão.

Ficaram excluídos do registro os títulos emitidos diretamente em favor de estabelecimentos de crédito e com estes negociados ou sacados em função de contratos específicos de aberturas de crédito celebrados com instituições financeiras; ou emitidos em garantia do pagamento de legítimas transações de compra e venda de bens e serviços comprováveis pelo registro na contabilidade da empresa interveniente, ou os amparados por contratos ou escrituras de bens imóveis, legalmente registrados; os títulos juntados, até a data deste decreto-lei, a processo judicial em andamento; os títulos de valor expresso em moeda estrangeira, representativos de dívida no exterior devidamente registrada no Banco Central do Brasil; outras operações que venham a ser definidas pelo Poder Executivo (art. 2º § 4º).

Posteriormente, o Decreto nº 54.156, de 4 de março de 1969, veio regulamentar aquele diploma, aditando novo caso de isenção de registro relativo aos títulos em que forem partes da União, Estados ou Municípios.

Ambos diplomas declaram *nulas* as letras de câmbio e notas promissórias não registradas. Causou estranheza nos meios jurídicos essa legislação especial, conflitante com a Lei Uniforme. Entretanto, mitigando o vigor daqueles diplomas, a jurisprudência não tem considerado nulos os títulos cambiais não registrados, entendendo que eles perdem a força executiva, podendo ser cobrados por via de ação ordinária.

A exigência do registro daqueles títulos de crédito foi totalmente revogada pelo Decreto-lei nº 1700, de 18 de outubro de 1979, cujo art. 1º dispõe que fica extinto o registro de letras de câmbio e notas promissórias estabelecidas no art. 2º e seus parágrafos do Decreto-lei nº 427, de 22 de janeiro de 1969, e no art. 1º, § 11 do Decreto-lei nº 1.042, de 21 de outubro de 1969.

O mesmo diploma revogou o art. 2º da Lei nº 5.614, de 5 de outubro de 1970, que dispõe sobre o Cadastro Geral de contribuintes.

Em face do Decreto-lei nº 1.700, mantém-se íntegras as disposições da Lei Uniforme sobre letras de câmbio e nota promissória.

Capítulo III
CHEQUE

1. Conceito. Formas.

Do art. 1º do Decreto nº 2.591, de 7 de agosto de 1912, que regula a emissão e circulação de cheques, pode-se tirar uma concisa conceituação do cheque: ordem de pagamento à vista, em favor do emitente ou de terceiros. A Lei Uniforme relativa ao cheque, incluída em nosso direito interno pelo Decreto nº 57.595, de 7 de janeiro de 1966, não definiu o cheque dispondo apenas, no art. 3º, que "o cheque é sacado sobre um banqueiro que tenha fundos à disposição do sacador e em harmonia com uma convenção expressa ou tácita, segundo a qual o sacador tem o direito de dispor desses fundos por meio de cheque".

Dispõe o art. 3º da Lei nº 7.357, de 2/9/1985, que o cheque é emitido contra banco, ou instituição financeira que lhe seja equiparada, sob pena de não valer como cheque.

Constituindo um dos títulos de crédito mais usados, o cheque tem muitos aspectos comuns com a letra de câmbio. Conforme é reconhecido pelos nossos autores, dispõe o cheque de rigor cambiário, na forma e na execução. Tem validade independente de sua causa. À semelhança com outros títulos, no cheque o emitente e avalistas assumem obrigações com o portador.

Entretanto, há distinções entre letra de câmbio e o cheque. O cheque só pode ser sacado contra um banco ou instituição financeira equiparada, situação diversa da letra de câmbio, que é uma ordem de pagamento sacada a uma pessoa física ou jurídica.

Ademais, para que ocorra o saque de um cheque, de acordo com o art. 4º da Lei nº 7.357/85, é necessário que o emitente tenha fundos disponíveis em poder do sacado e esteja autorizado a sobre eles emitir cheque, em virtude de contrato expresso ou tácito.

Esses fundos disponíveis são os créditos constantes de conta corrente bancária, o saldo exigível de conta corrente contratual, ou a soma proveniente de abertura de crédito (§ 2º).

Pela sua natureza, o cheque é uma ordem dirigida a um banco ou instituição financeira equiparada, para pagamento à vista ao portador, que pode ser o próprio emitente ou outra pessoa.

Sobre sua origem, existe discussão na doutrina, parecendo mais razoável a versão que atribui ser ele decorrente do verbo inglês "to check", que significa conferir, verificar. Sendo uma ordem de pagamento, o cheque envolve a presença de três pessoas: o *sacador* ou *emitente*, que dá a ordem; o *sacado*, que recebe a ordem, ou seja, o banco; e o *beneficiário*, *tomador* ou *portador*, que recebe do banco a importância consignada no cheque.

Relativamente à *forma*, o cheque pode ser *ao portador, nominativo, nominativo à ordem* e *nominativo não à ordem* (art. 8º da Lei nº 7.357/85).

O cheque *ao portador* é o que não contém indicação do beneficiário e é emitido em favor de pessoa nomeada com a cláusula "ou ao portador", ou expressão equivalente. Pode ser pago pelo banco a qualquer pessoa que o apresente.

O cheque nominativo é feito pagável a uma determinada pessoa, diz o art. 5º da Lei Uniforme. Dele deve constar o nome da pessoa a quem deve ser pago, podendo recebê-lo diretamente no banco, depositá-lo em sua conta corrente bancária, para liquidação através da Câmara de Compensação. Constando a cláusula "à ordem" pode o cheque ser endossado.

O cheque pode ser emitido com a cláusula "não à ordem". Esse cheque não pode ser endossado, devendo ser pago à pessoa a quem foi emitido.

2- *Histórico e legislação*

Admite-se como certo que o cheque tenha surgido durante a Idade Média, com o surgimento dos Bancos, que guardavam os valores das transações comerciais. Esses Bancos tiveram grande desenvolvimento, a partir dos séculos XIV e XV, entre as cidades italianas, como Florença, Gênova, Veneza e Milão.

Os bancos operavam com ordens de pagamento dos seus depositantes. Os comprovantes dos depósitos existentes, fornecidos aos depositantes, eram conhecidos como certificados, que asseguravam aos depositantes o direito de dispor do dinheiro depositado nos Bancos.

No século XVII, sobretudo na Inglaterra, o cheque passou a ter uso generalizado e intensivo. No século XIX, na França, o cheque mereceu lei especial regulamentadora do seu uso. O sistema francês, que estabeleceu o cheque como uma forma de mandato de pagamento a fim de que o sacador retire fundos de sua conta bancária, generalizou-se entre os demais países. Diverso é o sistema inglês e americano, que considera o cheque como uma letra de câmbio à vista sacada sobre um banqueiro. Entretanto, o cheque distingue-se perfeitamente da letra de câmbio. A primeira é de emissão livre, contra pessoas e bancos; o segundo só pode ser sacado contra bancos. A letra de câmbio independe de provisão de fundos, por parte do emitente. O cheque pressupõe a existência de fundos. Exige a legislação que o cheque deve ser sacado à vista. A letra de câmbio pode ser sacada a prazo.

No Brasil, a nossa primeira lei sobre o cheque foi a de nº 1.088, de 1860, dez anos após a promulgação do Código Comercial. Nesse diploma ele consta com a denominação de *mandatos ao portador*.

Em 1890, na Lei nº 149-B, pela primeira vez a palavra *cheque* apareceu em nossa legislação. Em 1912, mereceu ele lei especial, a de nº 2.591, de 7 de agosto, regulamentando a emissão e circulação dos cheques. A 14 de julho de 1934, foi baixado o Decreto nº 24.777, dispondo sobre a emissão de cheques contra as próprias caixas pelos Bancos e firmas comerciais.

A fase de reforma substancial de nossa legislação sobre cheque pode-se considerar a partir de 1966, quando pelo Decreto nº 57.595, foram promulgadas as Convenções para adoção de uma Lei Uniforme em matéria de cheque. A jurisprudência posterior do Supremo Tribunal Federal firmou o entendimento de que a Lei Uniforme constitui lei interna no país, vigente com ressalva das "reservas" feitas pelo governo brasileiro no mesmo decreto.

Atualmente, vigora a Lei nº 7.357, de 2 de setembro de 1985, que dispõe sobre o cheque e dá outras providências. Regulando o cheque, a nova lei não revoga a Convenção de Genebra, servindo como uma necessária atualização da mesma. Dispõe sobre emissão e forma do cheque, circulação, endosso, aval, apresentação para pagamento, o cheque cruzado, ação por falta de pagamento, pluralidade de exemplares, alteração, prescrição, conflitos de lei e disposições gerais.

3- *Natureza jurídica: pressupostos*

Diversas posições doutrinárias têm tomado os autores, na fixação da natureza jurídica do cheque. Alguns o consideram como um *mandato*, outros como *promessa de fato a terceiro*, e outros o identificam um *cessão de crédito*. Uma quarta posição, aceita no direito brasileiro, considera-o como uma promessa *unilateral*.

A maioria de nossos comercialistas, como J.X. Carvalho de Mendonça, Waldemar Ferreira, Otávio Mendes, Rubens Requião, e outros, consideram o cheque um título de crédito, posto que pode circular por via de endosso. Pontes de Miranda, com sua autoridade reconhecida, não admite o cheque como um título de crédito. Entretanto, a posição da maioria dos nossos comercialistas parece a acertada, e é adotada pelo Projeto do Código de Obrigações.

Tem o cheque importante função no mundo econômico, como meio de pagamento. Apenas não possui o poder liberatório da moeda, pois somente este tem curso forçado.

Como bem observa Rubens Requião, "o cheque se assenta em duas idéias fundamentais: *a existência de fundos disponíveis* em poder de alguém que tenha *capacidade profissional para cumprir o serviço de cheque, ou seja, de comércio bancário*" (Curso de Direito Comercial, pág. 483).

Esses pressupostos estão consignados nos artigos 3º e 4º da Lei nº 7.357: o cheque é emitido contra banco ou instituição financeira que lhe seja equiparada, devendo o emitente ter fundos disponíveis em poder do sacado e estar autorizado a sobre eles emitir cheques.

Sendo um título de crédito, o cheque tem formalidade, literalidade, pode circular pelo endosso e comporta aval. Tendo semelhança com a letra de câmbio, dela se distingue, sob diversos aspectos. Enquanto a letra de câmbio pode ser emitida à vista e a prazo, o cheque é sempre uma ordem de pagamento à vista. Inexiste aceite no cheque, sendo o aceite uma formalidade da letra de câmbio.

4- *Requisitos*

O art. 2º da Lei nº 7.357/85 dispõe que o título a que faltar qualquer dos requisitos enumerados no art. 1º da Lei não vale como cheque. Portanto, tais requisitos são essenciais. Sua ausência descaracteriza o cheque, deixa este de ser um título de crédito, constando duas ressalvas nos incisos I e II do art. 2º. Os requisitos são:

1º - A denominação "cheque" inscrita no contexto do título, na língua em que o mesmo é redigido. É um requisito essencial, exigível — a denominação — a todos os títulos de crédito, cuja ausência torna o documento descaracterizado.

2º - Ordem de pagamento, incondicional, para pagar uma determinada quantia. Como é incondicional a ordem exclui quaisquer condições ou estipulações que subordinem o ato de pagamento.

3º - Esse item refere-se ao sacado, que só pode ser um banco ou instituição financeira assemelhada.

4º - Lugar de pagamento. Refere-se esse item ao local em que está situado o banco sacado.

5º - A data e o lugar da emissão. Esse requisito corresponde ao item V do art. 1º da LUG. A data da emissão é essencial, de vez que dá início ao prazo de apresentação do título. Deve constar do cheque a indicação do lugar da sua emissão. É o lugar especificamente consignado ou o indicado ao lado da assinatura do emitente.

6º - A assinatura do emitente. Pode ser do próprio punho ou de mandatário com poderes especiais. É admitida a chancela mecânica ou processo equivalente, norma anteriormente prevista no art. 17 da Lei nº 5.143/66.

O cheque que contenha mais de uma assinatura, sendo uma delas falsa, não é nulo, em face do princípio da autonomia das obrigações. É a regra do artigo 10 da Lei Uniforme, norma extensiva aos casos de assinaturas fictícias ou de pessoas incapazes de se obrigarem cambialmente. Relativamente à posição do Banco que pagar um cheque com assinatura falsa, cabe aplicação da Súmula nº 28, do Supremo Tribunal Federal: "O estabelecimento bancário é responsável pelo pagamento de cheque falso, ressalvadas as hipóteses de culpa exclusiva ou concorrente do correntista".

O abono da assinatura do emitente do cheque, por terceira pessoa, constitui expediente bancário de controle, não vinculando ao abonante a co-responsabilidade pelo pagamento, pois a sua posição não é equiparada à de avalista.

O art. 2º da Lei do Cheque estipula a invalidade do título, na ausência de qualquer dos requisitos enumerados no art. 1º, fazendo entretanto ressalvas. Não havendo indicação especial, considera-se lugar de pagamento o lugar designado junto ao nome do sacado. Se forem designados vários lugares, o cheque é pagável no primeiro deles; inexistindo qualquer indicação, é pagável no lugar da sua emissão.

5- *Cheque sem provisão de fundos*

A Lei nº 7.357/85, em seu art. 65, dispõe que os efeitos penais da emissão do cheque sem suficiente provisão de fundos, da frustração do pagamento do cheque, da falsidade, da falsificação e da alteração de cheque continuam regidos pela legislação criminal.

A emissão de cheque sem a correspondente cobertura de fundos constitui, lamentavelmente, fato corrente em nossos dias, apesar de caracterizar uma figura delituosa prevista no Código Penal: o estelionato. No campo da doutrina, tem se discutido sobre o momento em que se caracteriza o delito. Sustenta-se, com procedência, que a provisão de fundos deve existir no momento do saque. Autores eminentes, como Waldemar Ferreira, sustentam que o crime se configura no momento em que o sacado recusa o pagamento por inexistência de fundos.

A jurisprudência tem adotado posições divergentes. Admite, inclusive, que ocorrendo o posterior pagamento do favorecido, que recebera o cheque sem fundos, a ação penal perde o fundamento, cabendo ser sustado o procedimento penal. Conforme acórdão do Supremo Tribunal Federal, entretanto, na emissão de cheque sem a suficiente provisão de fundos, o pagamento do principal e juros, depois da denúncia, não exclui o crime (Rev. Trim. de Jurisprudência, vol. 64, pág. 90).

O delito de estelionato, previsto no artigo 171 do Código Penal, somente existe quando o beneficiário desconhecia a inexistência de fundos. Assim decidiu a Suprema Corte: "Se o cheque foi emitido como título de dívida, mediante conhecimento do beneficiário, que o aceitou para garantir o pagamento de quantia constante de promissória preexistente, não se configura crime de emitir cheque sem fundos definido no art. 171, § 2º, VI, do Código Penal" (Rev. Trim. de Jurisprudência, vol. 64, pág. 64).

A Lei Uniforme, no Anexo nº II, art. 5º, estabeleceu a regra de que as partes contratantes ficavam com a faculdade de determinar em que momento deve o sacador ter fundos disponíveis em poder do sacado". A legislação nacional posterior, contudo, não adotou uma posição definitiva.

Medidas administrativas tem sido adotadas no sentido da aplicação de sanções aos emitentes de cheques sem fundos. O Decreto nº 55.728, de 1965, estabeleceu multas, por via de processo fiscal, ao sacador de cheque sem provisão, desde que recusado o título pelo sacado na segunda apresentação, quarenta e oito horas após a primeira recusa por falta de fundos.

Posteriormente, o Banco Central expediu a Circular nº 58, recomendado que o Banco encerrasse as contas dos depositantes emitentes de cheques sem fundos. Em 1971, o Banco Central, através da Circular nº 168, adotou providências mais drásticas. Verificado o uso indevido de cheque, pela inexistência de fundos na conta do correntista, na segunda apresentação do título, em dois dias no mínimo, após a primeira, deve a conta ser encerrada, fazendo o Banco a devida comunicação ao serviço de Compensação de Cheques. Esse serviço, através da relação mensal, fará comunicação aos bancos da região e ao Banco Central, ocasionando o encerramento de outras contas do emitente, o qual só poderá abrir novas contas e movimentar cheques após o período de seis meses, devendo ainda provar que o cheque recusado foi resgatado.

6- *Espécies ou modalidades de cheques*

a) cheque *visado*. É uma espécie consagrada pelos usos comerciais, especialmente dos banqueiros. Caracteriza-se pela circunstância de que nele o banco sacado atesta ou certifica que existem fundos disponíveis ao sacador, bloqueando a quantia respectiva na conta do emitente.

A nova Lei do Cheque acolheu a figura do *visto*, dispondo, no art. 7º, que o sacado, a pedido do emitente ou do portador legitimado, pode lançar e assinar, no verso do cheque não ao portador e ainda não endossado, visto, certificação ou outra declaração equivalente, datada e por quantia igual 1ª indicada no título.

A quantia fica reservada durante o prazo de apresentação do cheque, que é de 30 ou 60 dias, conforme o cheque for pagável na mesma ou em outra praça. Após esse prazo, cessa o visto e a importância retorna à conta corrente do emitente.

Em face do que dispõem os arts. 35 e 36 da vigente Lei do Cheque, o cheque visado comporta a contra-ordem e a oposição.

b) cheque *marcado*. A Lei nº 2.591/1912 admitia que o portador permitisse ao sacado marcar uma determinada data para pagar o cheque, ficando desonerados os demais responsáveis. Essa modalidade está em desuso, não sendo regulamentada pela vigente Lei do Cheque. Dependendo da concordância do portador, pode o sacado fixar um dia para pagamento do cheque, ocorrendo assim uma prorrogação do vencimento.

c) cheque *cruzado*. Essa modalidade remonta ao século passado, já constando da LUG em seus arts. 37 e 38. A atual Lei do Cheque regulamenta a matéria no capítulo V, artigos 44 e 45. O cruzamento é feito através de duas linhas paralelas, lançadas no anverso, não podendo o cheque ser recebido diretamente no banco sacado, mas depositado num banco para crédito em conta. O cruzamento do cheque pode ser feito pelo emitente ou pelo portador.

O cruzamento pode ser geral ou especial. O cruzamento é geral quando entre as duas linhas não existir nenhuma indicação ou apenas a indicação "banco". É especial quando entre as linhas constar o nome do banco a quem deve ser pago o cheque. O cruzamento geral pode ser convertido em especial mas este não pode converter-se naquele.

Não pode ser inutilizado o cruzamento, nem mesmo o nome do banco quando o cruzamento for especial. Pela regra contida no § 2º do art. 45 da Lei do Cheque o título só pode conter dois cruzamentos, um geral e outro especial, para cobrança por câmara de compensação.

d) cheque *para levar em conta*. Esse tipo de cheque impede o seu pagamento em dinheiro, devendo ser liquidado através de lançamento em conta do beneficiário. Essa modalidade era prevista no art. 39 da Lei Uniforme, encontrando-se regulada no art. 46 da vigente Lei do Cheque. É feita através de uma inscrição transversal no anverso do cheque da cláusula "para ser creditado em conta" ou outra equivalente.

A Lei dispõe que a inutilização da cláusula considera-se como inexistente. O sacado deve observar as disposições supra, sob pena de responder pelo dano, até o limite do valor do cheque.

e) cheque *de viagem*. É o conhecido "traveller's check". São impressos e vendidos pelos bancos, com valores fixos, consignados nos mesmos. O cheque de viagem, conhecido como de turismo, visa facilitar o transporte de valores, pelos viajantes. . Geralmente são emitidos em dólar, ou na moeda do país onde vai surtir seu efeito.

Quando da emissão, o favorecido assina o "traveller's check", ficando uma linha abaixo para ser assinada pelo beneficiário na ocasião de receber, no exterior, o respectivo valor, possibilitando a autenticidade das assinaturas, pelo confronto das mesmas.

7- *Endosso*

Sendo um título de crédito caracterizado como ordem de pagamento à vista, o cheque pode circular por via de endosso. A ele se aplicam as regras gerais do endosso estabelecidas para a letra de câmbio, com as especificações constantes dos artigos 19 a 23 da Lei do Cheque.

O endosso, lançado no cheque ou na folha de alongamento e assinada pelo endossante ou seu mandatário com poderes especiais, pode ser *em branco*, quando não constar o nome do endossatário ou apenas a menção "ao portador"; ou, *em preto*, quando for expresso o nome do endossatário.

Transmite o endosso todos os direitos relativos ao cheque. Sendo *em branco* o endosso, o portador pode completá-lo com seu nome ou com o de outra pessoa; tornar a endossar o cheque, em branco ou em preto, transferir o cheque a terceiro, sem completar o endosso e sem endossar.

O endossante garante o pagamento, salvo expressa estipulação em contrário, podendo proibir novo endosso.

No cheque "à ordem" considera-se o portador legitimado se provar seu direito por uma série ininterrupta de endossos, mesmo que o último seja em branco.

O endossante de um cheque ao portador é responsável pelo mesmo, de acordo com as normas do direito de ação, sem entretanto converter o título em um cheque "à ordem".

8- Aval

O cheque pode ter seu pagamento garantido por aval, dado por terceiro, menos o sacado ou um dos signatários do cheque. A matéria consta tratada nos artigos 25 a 27 da Lei Uniforme. A Lei nº 7.357/85 dispõe sobre o aval nos artigos 29 a 31. É portanto o aval uma garantia, total ou parcial, do cumprimento da obrigação do emitente ou dos endossantes. O aval se dá através da assinatura do avalista, com as palavras "por aval" ou fórmula equivalente, no cheque ou em folha de alongamento. Considera-se como aval a simples assinatura do avalista, aposta no anverso do cheque, salvo quando se tratar da assinatura do emitente (art. 30). Se não indicado o avalizado, considera-se como tal o emitente.

A obrigação do avalista corresponde à do avalizado. Diz a lei (art. 31) que subsiste a obrigação do avalista ainda que nula, salvo se a nulidade resultar de vício de forma. É uma decorrência dos princípios da solidariedade e da independência da obrigação.

O avalista que pagar o cheque adquire todos os direitos dele resultantes, contra o avalizado e os obrigados para com este em virtude do cheque (§ único do art. 31).

9- Apresentação e pagamento

A Lei do Cheque, em seu artigo 32, deixa expresso que o cheque é pagável à vista. Assim, para o pagamento do cheque é necessária a sua apresentação. Se apresentado o cheque para pagamento antes do dia indicado como da emissão é pagável no dia da apresentação. É a regra do parágrafo único do citado artigo 32.

No art. 33, há regras quanto ao pagamento, considerando o prazo de apresentação. Se pagável no mesmo lugar da emissão, deve ser apresentado, a contar da data da emissão, no prazo de 30 (trinta) dias; e, de 60 (sessenta) dias, se emitido em outro lugar do país ou no exterior.

Por essa disposição, o emitente do cheque, no território nacional, pode revogá-lo, através de contra-ordem, por aviso epistolar ou via judicial ou extra-judicial, com as razões motivadoras do ato.

A revogação ou contra-ordem só produz efeito depois de expirado o prazo de apresentação do cheque, podendo o sacado pagar o mesmo, se não promovida a contra-ordem, até o prazo da prescrição (parágrafo único do art. 35).

Entretanto, durante o prazo de apresentação podem o emitente e o portador legitimado fazer sustar o pagamento, desde que exista relevante razão de direito (art. 36). É a figura da oposição, não podendo o sacado julgar da relevância da razão invocada pelo oponente.

À luz do art. 35 da lei, é vedado aos bancos o pagamento de cheque prescrito, cabendo aos bancos o controle relativamente à prescrição, regulada no art. 59 da lei. No cheque "à ordem", o banco sacado deve verificar a regularidade da série de endossos, não a autenticidade das assinaturas. Salvo dolo ou culpa do correntista, do endossante ou do beneficiário, o banco sacado responde pelo pagamento do cheque falso, falsificado ou alterado (art. 39).

Relativamente ao cheque em moeda estrangeira, deve ser pago no prazo de apresentação, ao câmbio do dia do pagamento. Não sendo o cheque pago no ato de apresentação, pode o portador optar entre o câmbio do dia de apresentação e o do dia do pagamento, para conversão em moeda nacional (art. 42).

10 - *Pagamento por compensação*

As Câmaras de Compensação de cheques têm sua origem na Inglaterra, sob a denominação de *Clearing Houses*. A operação da câmara de compensação foi prevista no art. 31 da Lei Uniforme.

Atualmente, no Brasil, a compensação se processa sob a coordenação da Câmara de Compensação do Banco do Brasil. Diz a vigente lei, em seu art. 34, que a apresentação do cheque à Câmara de Compensação equivale à apresentação para pagamento.

Na compensação, os bancos entregam, entre si, cheques recebidos, correspondendo essa entrega uma apresentação para pagamento. Os cheques são, em sua maioria, nos grandes centros comerciais diariamente compensados e, nas palavras de Waldemar Ferreira, "liquidam-se os negócios com simplicidade, segurança e economia de moeda".

11- Ação e prescrição

A Lei nº 7357/85, em seu capítulo VII, regulamenta minuciosamente a ação por falta de pagamento do cheque, nas disposições contidas nos artigos 47 a 55 da mesma. O portador pode promover a execução do cheque, contra o emitente e seu avalista, ainda que não haja apresentado o título para pagamento, nem tenha promovido o protesto ou declaração equivalente no prazo da lei. O portador perde esse direito de execução, contra o emitente, se este tinha fundos disponíveis durante o prazo de apresentação e os deixou de ter, em razão de fato que não lhe seja imputável (§ 3º do art. 47).

A apresentação do cheque, para pagamento, deve ser efetuada, mesmo fora do prazo, para sinalar o vencimento à vista. O que não é obrigatório, para a execução, é a apresentação, no prazo da lei, e posterior protesto ou declaração do sacado ou da câmara de compensação, no prazo legal. Não estando prescrita a ação cambiária, cabe a ação executiva, mesmo que o cheque não tenha sido apresentado no prazo legal.

Entretanto, para que possa promover a execução do cheque, contra os endossantes e seus avalistas, o portador deve apresentar o cheque em tempo hábil e promover, dentro dos prazos legais, o protesto ou a declaração do sacado ou da câmara de compensação, comprovando a recusa de pagamento (inciso II do art. 47).

O art. 48 estabelece os prazos para protesto ou declarações do sacado ou da câmara de compensação. Devem ser feitos no lugar do pagamento ou do domicílio do emitente, antes da expiração do prazo de apresentação. Se esta ocorrer no último dia do prazo, o protesto ou as declarações podem ser feitas no primeiro dia útil seguinte. O mesmo dispositivo regulamenta o procedimento para o protesto do título.

A prescrição do cheque foi regulada pelos artigos 52 e 53 da Lei Uniforme. A Lei nº 7357/85 trata da matéria nos artigos 59 a 62.

Preliminarmente, deve o cheque ser apresentado ao banco, dentro do prazo de 30 dias, no caso de cheque sacado na mesma praça de pagamento. Se for sacado em praça diferente do pagamento, esse prazo é de 60 dias.

Prescreve em (seis) meses a ação cambiária, contado esse prazo dos 30 ou 60 dias dos prazos da apresentação.

Outra hipótese de aplicação do prazo de prescrição é a relativa ao direito de regresso de um dos coobrigados contra os coobrigados anteriores. No caso, a prescrição do direito de ação é de 6 (seis) meses, contado do dia em que o obrigado pagou o cheque ou a partir da citação na ação em que foi demandado.

A interrupção da prescrição decorre de decisão judicial ou da citação do devedor, não bastando o protesto para interrompê-la.

No caso de perda do prazo para a ação cambiária, o cheque perde o caráter de título executivo. Entretanto, prevê a lei, em seu artigo 61, que o portador pode promover, contra o emitente ou outros obrigados, que se locupletaram injustamente com o não pagamento, no prazo de 2 (dois) anos, a ação de enriquecimento ilícito.

Capítulo IV
DUPLICATA

1- *Histórico e legislação*

A duplicata é um título de crédito que encontra origem no direito brasileiro, precisamente no artigo 219 do Código Comercial de 1850, que dispõe: "Nas vendas em grosso ou por atacado, entre comerciantes, o vendedor é obrigado a apresentar ao comprador, por duplicata, no ato da entrega das mercadorias, a fatura ou conta dos gêneros vendidos, as quais serão por ambos assinados, uma para ficar na mão do devedor e outra na mão do comprador". Essa fatura, em *duplicata*, constitui prova do contrato de compra e venda das mercadorias nela consignadas.

Na prática, pouco foi o uso da regra contida no artigo 219, com prejuízo do fisco, determinando tal situação que fosse pelo governo Federal promulgado o Decreto nº 11.527, de 17 de março de 1915, com base no art. 3º, § 8º da Lei orçamentária de dezembro de 1914, regulamentando a cobrança do selo proporcional sobre as contas assinadas, podendo equipará-las às letras de câmbio e às notas promissórias. Esse decreto foi revogado pelo número 11.856, de 5 de janeiro de 1916.

Entretanto, em face da insistência do comércio na criação de novo título de crédito, em 1923 foi promulgado o Decreto nº 16.041, regulamentando a *duplicata* ou *conta assinada*. Em 1935, Waldemar Ferreira, deputado federal, apresentou um projeto de Lei disciplinando a duplicata, o qual se converteu na Lei nº 187, de 15 de janeiro de 1936. A duplicata foi considerada como característica da compra e venda mercantil e promessa de pagamento, além de instrumento de fiscalização e de arrecadação do imposto de vendas e consignações.

A Lei 187 foi alterada pelo Decreto-Lei nº 265, de 28 de fevereiro de 1967, o qual veio a ser revogado pela Lei nº 5.474, de 18 de julho de 1968, nossa atual Lei sobre duplicatas. A 26 de novembro de 1968, o

Banco Central expediu a Resolução nº 102, estabelecendo normas sobre a padronização das duplicatas. A 27 de janeiro de 1969, foi expedido o Decreto-Lei nº 436, revogando e modificando dispositivos da Lei 5.474. Finalmente, a Lei nº 6458, de 1º de novembro de 1977, introduziu novas modificações na Lei 5474, adaptando-a ao Código de Processo Civil e à Lei das Falências.

2- A fatura

A Lei 5474, em seu art. 1º estipula que, em todo o contrato de compra e venda mercantil, realizado entre partes domiciliadas no território nacional, com prazo não inferior a trinta dias, contados da data da entrega ou despacho da mercadoria, o vendedor deverá extrair a respectiva *fatura* para apresentação ao comprador.

Nota ou conta, a fatura tem por objeto identificar a compra e venda mercantil, dela constando as características e o preço da mercadoria vendida. Como observou Carvalho de Mendonça, "não é título representativo da mercadoria". É a fatura a conta de venda remetida pelo vendedor ao comprador. Em razão dela é extraída a *duplicata*, que é um título de crédito representativo da operação mercantil.

É, assim, a fatura um pressuposto para emissão da duplicata, cabendo destacar que, nas vendas a prazo, a fatura é obrigatória, ao passo que a duplicata pode ou não ser extraída (art. 2º da Lei).

3- A duplicata. Requisitos.

A emissão ou extração da duplicata, nos referidos termos da respectiva Lei, é uma faculdade do vendedor. Pode este, com a fatura, cobrar diretamente do comprador o preço da mercadoria vendida. Entretanto, como a venda é a prazo, pode o vendedor necessitar de realizar o valor da venda através de uma a operação bancária, extraindo uma duplicata, que constitui um título de crédito, descontando-a no Banco.

É, por isso, a duplicata o único título de crédito que pode ser sacado com apoio na compra e venda mercantil, Essa regra está expressa no art. 2º da Lei 5474, que veda a extração de outros títulos de crédito. Com fundamento na Lei, Sampaio de Lacerda concentua a duplicata como "um título à ordem correspondente a uma compra e venda mercantil ou a uma prestação de serviços, aceito pelo sacado, sendo ambas as partes domiciliadas em território brasileiro" (A nova Lei sobre Duplicatas).

Os *requisitos* da duplicata são os constantes do art. 2º, § 1º, da Lei:

I - a denominação *duplicata*, a data de sua emissão e o número de ordem. Admite a Lei que se a venda for para pagamento em parcelas, poderá ser emitida uma série de duplicatas, uma para cada prestação, distinguindo-se a numeração como acréscimo de letras do alfabeto, em seqüência;

II - o *número da fatura*. Esse requisito tem a finalidade de vincular o título ao documento de origem. Demais, atende à exigência o art. 19 da Lei, que prescreve a existência do livro de Registro de Duplicatas, no qual as normas serão escrituradas com o respectivo número de ordem;

III - a *data certa do vencimento ou a declaração de ser a duplicata à vista*. Pode o vencimento ser à vista ou a dia certo, não existindo mais a duplicata a tempo certo da data da apresentação. A duplicata à vista tem vencimento no dia em que for apresentada para aceite. A duplicata a dia certo é aquela cujo vencimento tem sua data consignada no título. Pode o prazo de vencimento ser prorrogado ou alterado, mediante consentimento expresso, por escrito, do vendedor, em documento em separado. Existindo coobrigados, como o avalista, é necessária a anuência dos mesmos;

IV - o *nome e domicílio do vendedor e do comprador*. Tratando-se de duplicata de prestação de serviços, devem constar do título os nomes do que contratou e do que prestou os serviços;

V - a *importância a pagar, em algarismos e por extenso*. Essa importância deve corresponder ao valor total da fatura, ainda que o comprador tenha direito a qualquer rebate, mencionando o vendedor o valor líquido que tenha o comprador a pagar.

Dessa forma, pode ocorrer que o valor da fatura, indicado na duplicata, não corresponda ao valor a pagar, por ter havido pagamento parcial antecipado. O valor da duplicata de prestação de serviços será o correspondente ao preço dos serviços prestados;

VI - a *praça de pagamento*. É um requisito obrigatório, que não pode faltar na duplicata. Entretanto, se tal ocorrer, o lugar do pagamento será aquele mencionado ao pé do nome do sacado, do comprador, de acordo com a regra geral da legislação cambial;

VII - a *cláusula à ordem*. A duplicata não comporta a modalidade do título ao portador, pois resulta sempre de uma relação entre vendedor e comprador ou entre algum que prestou serviços e outro que recebeu a prestação dos mesmos. Dessa forma, a circulação da duplicata só pode ocorrer por via de endosso, em preto ou em branco, admitindo-se o endosso-mandato, para fins de cobrança;

VIII - a *declaração do reconhecimento de sua exatidão e da obrigação de pagá-la, a ser assinada pelo comprador, como aceite cambial.* Esse recebimento da exatidão do título é necessário para que exista o aceite do mesmo. O aceite caracteriza a duplicata como um título executivo, um título de crédito. A Lei nº 6458 admite a cobrança por via de execução da duplicata não aceita, que haja sido protestada, desde que esteja acompanhada de documento comprobatório da entrega e do recebimento da mercadoria, e que não tenha o sacado, comprovadamente, recusado o aceite, no prazo, condições e motivos previstos em lei.

Sobre o aceite da duplicata, decidiu o nosso Tribunal de Justiça: *"Não havendo aceite do sacado na duplicata, nem demonstrado que recebeu ou lhe foi remetida a mercadoria que originou o título, carece o sacador de ação para dela exigir o pagamento"* (Rev. de Juris. 35/283);

IX - a *assinatura do emitente.* O requisito da assinatura tem importância não só no caso da venda direta como na feita por consignatário ou comissário. Merece destacar a regra do art. 5º da Lei: quando a mercadoria for vendida por conta de consignatário, este é obrigado, na ocasião de expedir a fatura e a duplicata, a comunicar a venda ao consignante. Por sua vez, (diz o § 1º) o consignante expedirá fatura e duplicata correspondente à mesma venda, a fim de ser esta assinada pelo consignatário, mencionando-se o prazo estipulado para a liquidação do saldo da conta.

4- O Registro contábil

O capítulo VI da Lei 5474 estabelece um sistema de escrita especial das duplicatas no livro de Registro de Duplicatas. Esse livro, conforme o artigo 19 da Lei, é obrigatório para todos que realizarem vendas de mercadorias com utilização de duplicatas. Não é, entretanto, obrigatório para as pessoas ou empresas prestadoras de serviço, que emitam duplicatas. No primeiro caso o livro é necessário porque a compra e venda mercantil pressupõe a qualidade de comerciante do vendedor ou do comprador.

Sendo o livro de Registro de Duplicatas obrigatório, está sujeito ao cumprimento das formalidades extrínsecas e instrínsecas dos demais livros comerciais obrigatórios previstos no Código Comercial.

Nesse sentido, aliás, os parágrafos 1º, 2º e 3º do artigo 19 da Lei dispõem que no referido livro serão escrituradas, cronologicamente, todas as duplicatas emitidas, com o número de ordem, data e valor das faturas originárias e data de sua expedição; nome e domicílio do comprador;

anotações das reformas; prorrogações e outras circunstâncias necessárias. Os Registros de Duplicatas, que não poderão conter emendas, borrões, rasuras ou entrelinhas, deverão ser conservados nos próprios estabelecimentos. Observados os requisitos supra, o Registro poderá ser substituído por sistema mecanizado.

5- *O Protesto*

O protesto, como ocorre com os demais títulos de crédito, tem fundamental significação para a cobrança da duplicata. Objetiva o mesmo comprovar o não cumprimento da obrigação constante do título. De acordo com o art. 13 da Lei 5474, pode ser a duplicata protestada por falta de *aceite*, de *devolução* ou de *pagamento*. O art. 14 do Decreto 436 prevê, ainda, o protesto por *indicações* do portador. Em todos os casos, o instrumento de protesto deverá conter os requisitos enumerados na Lei Cambial (art. 19 do Decreto nº 2044/1908), exceto a transcrição mencionada no inciso II, que será substituída pela reprodução das indicações feitas pelo portador do título.

O fato de não ter sido exercida a faculdade de protestar por falta de aceite ou de devolução, não elide o protesto por falta de pagamento. O protesto deverá ser tirado na praça de pagamento, cabendo destacar que o portador que não tirar o protesto da duplicata, em forma regular e dentro do prazo de trinta dias, contado da data de seu vencimento, perderá o direito de regresso contra os endossantes e respectivos avalistas (§ 4º do art. 13 da Lei nº 5474, com a redação dada pelo Decreto nº 436).

No protesto de duplicata por prestação de serviço, cumpre observar a regra contida no § 3º do art. 20 da Lei 5474, conforme redação dada pelo art. 3º do Decreto 436, de 1969, segundo a qual constitui documento hábil, para transcrição do instrumento de protesto, qualquer documento que comprove a efetiva prestação dos serviços e o vínculo contratual que o autorizou. Nesse sentido, aliás, já se pronunciou o 1º Tribunal de Alçada Civil de São Paulo; "A duplicata de serviços não aceita, para que possa ser levada a protesto e adquirir força cambial, depende da existência de documento que comprove a prestação de serviços e o vínculo contratual que a autorizou". (Tribuna da Justiça, nº 513, pág. 3440).

6- *Os procedimentos judiciais*

Conforme estabelece a Lei 6458, de 1º de novembro de 1977, a cobrança judicial de duplicata ou triplicata será efetivada de acordo com o processo aplicável aos títulos executivos, regulamentados no Livro II do Código de Processo Civil.

Cabe ação executiva nos seguintes casos: 1. de cobrança de duplicata ou triplicata *aceita*, protestada ou não; 2. de duplicata ou triplicata, *não aceita*, desde que, cumulativamente:

a) haja sido protestada;

b) esteja acompanhada de documento hábil comprobatório da entrega e recebimento de mercadoria;

c) o sacado não tenha, comprovadamente, recusado aceite, no prazo, nas condições e pelo motivos nos artigos 7º e 8º da Lei 5474. O prazo mencionado no art. 7º é de 10 (dez) dias. Os motivos de recusa, referidos no art. 8º, são os seguintes: I — avaria ou não recebimento das mercadorias, quando não expedidas ou não entregues por sua conta e risco; II — vício, defeitos e diferenças na qualidade ou na quantidade das mercadorias, devidamente comprovadas; III — divergência nos prazos ou nos preços ajustados.

Da mesma forma, a ação de *regresso* do portador, contra o sacador, o endossante e os respectivos avalistas, se processará por via executiva, quaisquer que sejam a forma e as condições do protesto, conforme esclarece o § 1º do art. 15 da Lei 5474, com a nova redação dada pela Lei 6458.

A Lei 6458, em seu art. 3º, acrescentou ao artigo 1º da Lei de Falências (Decreto-Lei 7661) o § 3º com a seguinte redação: "Para os efeitos desta Lei, considera-se obrigação líquida, legitimando o pedido de falência, a constante dos títulos executivos extrajudiciais mencionados no art. 15 da Lei 5474, de 18 de julho de 1968". Dessa forma, ficou legalmente dirimida dúvida existente na doutrina e na jurisprudência: a duplicata ou triplicata, mesmo não aceita, desde que protestada e acompanhada do documento comprobatório da entrega e recebimento da mercadoria, não tendo havido recusa, comprovada e fundamentada, da mercadoria, é título hábil para fundamentar pedido de falência do devedor.

A nova disposição legal, veio se adequar com a recente jurisprudência do Supremo Tribunal Federal: "Tem força executiva, para os efeitos do art. 585, nº VII, do atual CPC, a duplicata não aceita que preencha os requisitos a que alude a parte final do "caput" do art. 15 da Lei nº 5474, de 1968 (com as modificações do Decreto-Lei nº 436, de 1969). Ainda em 9/3/1977, o plenário do STF reformulando sua jurisprudência, passou a entender que duplicata que preencha esses requisitos é título representativo de obrigação líquida e, portanto, hábil para fundamentar pedido de falência", (RE nº 87.447 - DJU de 19/8/1977).

O rito da ação executiva é o estabelecido no Livro II do Código de Processo Civil, referente ao processo de execução.

De forma similar, quando se tratar de duplicata ou triplicata que não preencha os requisitos do art. 15, incisos I e II e §§ 1º e 2º da Lei 5474 (com a nova redação), aplica-se o procedimento ordinário, previsto no Código de Processo Civil. O mesmo procedimento é aplicável à ação para elidir as razões invocadas pelo devedor para o não aceite do título, nos casos previstos no art. 8º da Lei 5474.

De acordo com o art. 17 da Lei 5474 (com a nova redação), o foro competente para a cobrança da duplicata ou da triplicata é o da praça de pagamento, constante do título, ou outra do domicílio do comprador. No caso de ação regressiva, o foro é o do domicílio dos sacadores, dos endossantes e dos avalistas.

O art. 18 (nova redação) regula a prescrição da ação *executiva* de cobrança da duplicata, dispondo sobre três hipóteses: I - contra o sacado e respectivos avalistas em 3 (três) anos, contados da data de vencimento do título; II - contra o endossante e seus avalistas, em 1 (um) ano, contado da data do protesto; III - de qualquer dos coobrigados contra os demais, em 1 (um) ano, contado da data em que haja sido efetuado o pagamento do título.

A cobrança pode ser feita contra um ou contra todos os coobrigados, sem observância da ordem constante do título. Respondem os coobrigados, solidariamente, pelo aceite e pelo pagamento da duplicata.

7- *A Triplicata*

O art. 23 da Lei 5474 admite a extração de triplicata, em caso de perda ou extravio da duplicata, inclusive roubo da mesma.

Por sua vez, o art. 13 da Lei, com a redação do Decreto 436, admite que a triplicata seja extraída nos casos de falta de aceite, de devolução ou de pagamento, a fim de ser levada a protesto.

8- *Duplicata de prestação de serviços*

Os artigos 20 e 21 da Lei 5474 regulam a duplicata de prestação de serviços, criadas em nosso direito por aquele diploma legal. As empresas individuais ou coletivas, fundações ou sociedades civis, dedicadas à prestação de serviços, podem emitir fatura e duplicata.

A Lei não tornou essa emissão obrigatória, mas a estabeleceu facultativa. A fatura deverá discriminar a natureza dos serviços prestadas e a duplicata deverá preencher os requisitos gerais estabelecidos para esse título. Os profissionais liberais, bem como as pessoas que prestarem serviços eventuais, cujo valor do serviço seja superior a Cr$ 100,00, podem emitir fatura ou conta, mas não duplicata.

A fatura ou conta poderão ser levadas a protesto, desde que tenham sido registradas no Cartório de Títulos e Protestos. O fundamento desse protesto deverá ser a falta de pagamento, na conformidade do § 3º do art. 22 da Lei 5474.

De acordo com a Lei 6458, que deu nova redação ao § 4º, do art. 22 da Lei 5474, o instrumento de protesto, elaborado com as cautelas do art. 14, discriminando a fatura ou conta original ou a certidão do Cartório de Títulos e documentos autorizará o ajuizamento do competente processo de execução na forma prescrita na Lei.

II PARTE
EMENTÁRIO DE JURISPRUDÊNCIA

Letra de Câmbio
A CAMBIAL EM GERAL

Protesto
Letra de câmbio. Falta de Aceite. Protesto. Inadmissibilidade.
É uníssona a jurisprudência dos tribunais do país pela inadmissibilidade do protesto de letra de câmbio contra sacado que não a aceitou, eis que não merece qualquer reconhecimento de eficácia o saque de letras de câmbio inaceitas e à vista a benefício do próprio sacador, reputando-se, por conseqüência, expediente notoriamente indevido e abusivo o seu subseqüente envio a protesto. (RT-601/108, 597/130, 590/152, 589/105; Julgados do TARGS 69/225).

Constitui abuso de direito o saque de letra de câmbio e subseqüente protesto, por falta de aceite protesto, por falta de aceite, sem lei ou contrato que o autorize (JTARGS 40/194). A cambialidade é de natureza restrita, permitindo-se sua extensão quando houver autorização, lei ou convenção para o saque (JTARGS), 21/196). A emissão deve ser respaldada em lei que a autoriza ou em ajuste contratual que a projeta (JTARGS, 50/419).

DECISÃO: NEGADO PROVIMENTO. UNÂNIME.
APELAÇÃO CÍVEL: Nº 194218111
1ª CÂMARA CÍVEL
HEITOR ASSIS REMONTI - Relator
20/12/94
TARGS/JUR/R

Ação Declaratória - Sustação de protesto
Ação Declaratória. Inexistência de relação cambial. Falta de origem. Reconvenção. Sustação de protesto.
A emissão da Letra de Câmbio sem origem contratual ou legal e

apresentação sem aceite a protesto configura abuso de direito, autoriza a sustação e comprova a inexistência de relação cambial. A reconvenção visando cobrança do crédito em questão não guarda conexão com a declaratória, pois o objeto desta é a declaração de inexistência de relação jurídica cambiária entre as partes.

DECISÃO: NEGADO PROVIMENTO. UNÂNIME.
APELAÇÃO CÍVEL Nº 194109609
1ª CÂMARA CÍVEL
ARNO WERLANG - Relator
04/10/94
TARGS/JUR/B

Código de Defesa do Consumidor
Não está vedada sua emissão em relações de consumo, não se afigurando infringência à vedação do inc. VIII, do art. 51, do CDC. Apelo provido por maioria.

DECISÃO: NEGADO PROVIMENTO. UNÂNIME.
APELAÇÃO CÍVEL Nº 194172748
8ª CÂMARA CÍVEL
MARIA BERENICE DIAS - Relatora
20/12/94
TARGS/JUR/AC

Código de defesa do consumidor - Mandato cambial - mútuo
Letra de câmbio. Possível, em tese, o saque e aceite por mandatário instituído em contrato de mútuo, antes da vigência da lei nº 8.078/90. Defesa a emissão se o crédito já está representado por outro título executivo emitido pelo mutuário.

DECISÃO: NEGADO PROVIMENTO. UNÂNIME.
APELAÇÃO CÍVEL Nº 194043824
2ª CÂMARA CÍVEL
15/12/94
GERALDO CÉSAR FREGAPANI - Relator
TARGS/JUR/R

Honorários advocatícios - nulidade
Letra de câmbio não aceita e sem origem contratual ou legal. Nulidade.

Reconhecida em ação cautelar de sustação de protesto ser irregular a letra de câmbio por faltar-lhe o aceite e não ter origem contratual ou legal, implica em nulidade da cambial, sem significar, todavia, reconhecimento da inexistência de dívida que poderá ser apurado em ação de reconhecimento.

A procedência ainda que em parte da ação implica na condenação em honorários da parte vencida.

Apelo da ré improvido. Provido em parte o recurso adesivo.

DECISÃO: NEGADO PROVIMENTO. UNÂNIME.
APELAÇÃO CÍVEL Nº 194067708
1ª CÂMARA CÍVEL
ARNO WERLANG - Relator
27/09/94
TARGS/JUR/AC

Mandato: Cambial - Aval
Embargos
Letra de câmbio - cláusula - mandato
É nula a letra de câmbio aceita e avalizada por empresa ligada ao Banco-emitente e em nome do mutuário, com base em cláusula de contrato de adesão. Súmula nº 60 do Superior Tribunal de Justiça.
(...)

DECISÃO: DADO PROVIMENTO. UNÂNIME.
APELAÇÃO CÍVEL Nº 194086146
4ª CÂMARA CÍVEL
MOACIR LEOPOLDO HAESER - Relator
30/06/94
TARGS/JUR/R

Embargos de devedor - prescrição - duplicatas
Embargos de devedor - Prescrição de duplicatas. Letra de Câmbio sem aceite do sacado. Sua eficácia. A execução de duplicata prescreve em três anos a contar do vencimento do título devendo ser desconsiderada a sua prorrogação se a mesma foi feita de maneira unilateral, sem

a concordância do devedor. É ineficaz a letra de câmbio que não contou com a assinatura do sacado, já que o mesmo não tem obrigação de solver o título que não aceitou. Seu saque é tido por abusivo. Inteligência do art. 18 I, da Lei nº 5474/68. Apelação não provida.

DECISÃO: NEGADO PROVIMENTO. UNÂNIME.
APELAÇÃO CÍVEL Nº 193190345
7ª CÂMARA CÍVEL
FLÁVIO PÂNCARO DA SILVA - Relator
TARGS/JUR/B
15/12/93

Ação declaratória de inexistência de relação cambial
Juros - Dívida já paga
Ação declaratória de inexistência de relação cambial. Letra de câmbio emitida para cobrar juros de mercado de dívida já paga.

Julgamento de procedência, com o acolhimento de fundamentação aduzida por ocasião do julgamento da demanda cautelar de sustação de protesto, quando se entendeu abusivo o saque. Sentença que não padece de qualquer nulidade. Considerada ilegal a emissão da letra de câmbio, dentro de entendimento de que o credor não pode sujeitar o devedor a obrigar-se cambialmente e de que a proposta-orçamento, com a inclusão de carimbo, autorizando a cobrança, não poderia ser entendida como outorga de mandato, outra não pode ser a solução na demanda principal. Fundamentos então aduzidos incorporados no presente acórdão. Sentença mantida. Preliminar rejeitada. Apelação não provida.

DECISÃO: NEGADO PROVIMENTO. UNÂNIME.
APELAÇÃO CÍVEL Nº 193075116
6ª CÂMARA CÍVEL
TAEL JOÃO SELISTRE - Relator
TARGS/JUR/B
19/08/93

Cambial - Arrendamento mercantil - seguro cambial. Letra de câmbio vinculada a contrato. Anulação.

Estando em curso ação onde se discutem os valores exigidos em contratos de arrendamento mercantil, ante a onerosidade excessiva, não se legitima o credor a emitir letras de câmbio com base em cálculo contratual e levá-las a protesto, ainda que referentes a pagamento de seguro e não a contraprestação do principal. Presente possibilidade de se reconhecer ao devedor direito à devolução de importâncias, por exigidos pagamentos injustos, não se revestem os títulos dos requisitos de certeza e exigibilidade, mantido o julgamento de procedência da ação de anulação das cambiais.

DECISÃO: NEGADO PROVIMENTO. UNÂNIME.
APELAÇÕES CÍVEIS Nº 192253037
                        192253029
2ª CÂMARA CÍVEL
HÉLIO WERLANG - Relator
05/08/93
TARGS/JUR/F

"Factoring"- Pagamento em cartório de protesto
- Cláusula abusiva - correção monetária
Título de crédito. Letra de câmbio. Saque por faturizador, com base em contrato que o autoriza. A cobrar, do faturizado, diferenças de juros e correção monetária, proveniente de títulos cedidos pagos em cartório de protesto. Abusividade da cláusula e do aponte da letra de câmbio para protesto.

É abusiva a cláusula inserida em contrato de faturização, que autoriza o faturizador a sacar a Letra de Câmbio contra o faturizado, na hipótese de insucesso, total ou parcial, no recebimento do crédito cedido, por ter em vista a criação de título executivo e possibilitar seu aponte em cartório de protesto, forma mais eficiente de pressionar o devedor ao pagamento, sem maiores questionamentos, considerando os efeitos danosos que advém, no plano econômico e financeiro, à pessoa que tem, contra si, tirado o protesto. A par disso, a abusividade também decorre de circunstância de a inserção do valor da Letra de Câmbio ficar a critério do sacador, estabelecendo unilateralmente. A cobrança das referidas diferenças quanto a juros e correção monetária pelo fato de os títulos cedidos terem sido pagos em cartório de protesto somente pode se dar através de processo e conhecimento, com a indicação dos percentuais e índices utilizados para obtenção do valor cobrado, possibilitando ampla discussão e defesa por parte do faturizado. Letra de câmbio declarada nula, com sustação definitiva de seu protesto.

Apelação provida, por maioria. Voto vencido.

DECISÃO: DADO PROVIMENTO. MAIORIA.

APELAÇÃO CÍVEL Nº 193138195
6ª CÂMARA CÍVEL
MOACIR ADIERS - Relator
TARGS/JUR/G
10/02/94

Abuso de direito - protesto
Letra de câmbio. Falta de aceite. Protesto. Inadmissibilidade.
É uníssona a jurisprudência dos tribunais do país pela inadmissibilidade do protesto de letra de câmbio contra sacado que não a aceitou, eis que não merece qualquer reconhecimento de eficácia o saque de letras de câmbio inaceitas e à vista a benefício do próprio sacador, reputando-se, por conseqüência, expediente notoriamente indevido e abusivo o seu subseqüente envio a protesto. (RT - 601/108, 597/130, 590/152, 589/105; Julgados TARGS 69/225). Constitui abuso de direito o saque de letra de câmbio e subseqüente protesto, por falta de aceite, sem lei ou contrato que o autorize (JTARGS, 40/194). A cambialidade é de natureza restrita, permitindo-se sua extensão quando houver autorização, lei ou convenção para o saque (JTARGS, 21/196). A emissão deve ser respaldada em lei que a autorize ou em ajuste contratual que a proteja (JTARGS, 50/419).

DECISÃO: NEGADO PROVIMENTO. UNÂNIME.

APELAÇÃO CÍVEL Nº 192254852
1ª CÂMARA CÍVEL
HEITOR ASSIS REMONTI - Relator
TARGS/JUR/FE
09/03/93

Mandado cambial - terceiro
Letra de câmbio. Emissão contra terceiro garante por mandatário sem prévio conhecimento do mandante. Ilegitimidade. Ato que retira do mandante o seu constitucional direito de ampla defesa. Não se caracteriza título de crédito, letra de câmbio, aquele emitido pelo credor contra terceiro garante em decorrência de mandato pois retira deste o direito de saber a exação dos poderes outorgados, limitando, com isso, o seu direito constitucional de ampla defesa.

DECISÃO. NEGADO PROVIMENTO. UNÂNIME.

APELAÇÃO CÍVEL Nº 192017028
7ª CÂMARA CÍVEL
WELLINGTON PACHECO BARROS - Relator
TARGS/JUR/B
23/06/93

Ação de invalidação de letra de câmbio. Inexistência de autorização contratual. Perdas e danos. Abalo de crédito. Necessidade de evidência deste, quando o crédito do pretendente já se encontra estremecido em razão de outros protestos de título. A causa da invalidação de título cambiário reside justamente na ausência de negócio jurídico subjacente ou previsão, legal ou contratual, para a sua emissão, conforme reiterada jurisprudência.

Em se cuidando da prestação de serviço, é a duplicata o título legalmente previsto para representação de negócio jurídico expresso, com também explícita previsão do valor. De regra, o só protesto é suficiente para evidenciar abalo de credito, em sociedade em que esse último, o crédito, eleva-se a verdadeira necessidade. Se o pretendente, porém, já tem seu crédito estremecido, em razão de outros protestos, não se dispensa de comprovar, no mínimo, a ampliação do abalo, consignadas as circunstâncias na inicial. Apelo parcialmente provido.

DECISÃO: DADO PROVIMENTO PARCIAL. UNÂNIME.
APELAÇÃO CÍVEL Nº 194064531
7ª CÂMARA CÍVEL
ANTONIO JANYR DALL'AGNOL JUNIOR - Relator
TARGS/JUR/B
04/05/94

Mandato cambial - crédito rural
Crédito rural. Letra de câmbio, resultante de novação de crédito rural, sacada e aceita por mandatário desconhecido do mandante porém vinculado ao credor, sem prévia comunicação dos valores a liquidar. Impossibilidade. Ato que retira de devedor o amplo poder de defesa. Transformação de crédito rural em crédito comercial juridicamente impossível diante da condição de subsidiada daquela. Não se caracteriza título líquido passível de execução, letra de câmbio resultante de novação de crédito rural em crédito comercial, liquidada e emitida pelo credor e aceita por terceiro mandatário de sua confiança, porque retira do deve-

dor o poder previamente conhecer a exação dos poderes outorgados, limitando com isso o seu direito constitucional de ampla defesa. De outro lado, também se caracteriza título não passível de execução aquele que resulta de novação de crédito rural em crédito comercial porque aquele é altamente subsidiado pelo Estado e que por isso estabelece regras próprias para liquidação. Apelo improvido.

DECISÃO: NÃO PROVERAM O APELO. UNÂNIME.
APELAÇÃO CÍVEL Nº 193044147
7ª CÂMARA CÍVEL
WELLINGTON PACHECO BARROS - Relator
TARGS/JUR/B
26/05/93

Fiança e aval - Regras inaplicáveis ao aval - outorga uxória
Como garantia tipicamente cambiária, o aval não se confunde com a fiança, com a qual tem em comum apenas a função de garantir obrigação alheia. Enquanto a fiança é obrigação acessória de outra principal, da qual depende, a responsabilidade do avalista é autônoma e independente, subsistindo mesmo quando nula e juridicamente inexistente a obrigação garantida. Conseqüentemente, não se aplica ao aval a regra do Código Civil pertinente à fiança, no que diz respeito à necessidade do consentimento da mulher para sua validade (TACiv.-RJ - Ac. unâm. da 6ª Câm., reg).
(COAD/ADV - Jurispr. - 1992, pág. 56)

Aval - Princípio da solidariedade
Consolidado na jurisprudência deste STJ o entendimento no sentido de que, se os avalistas também firmaram cláusula contratual onde se consubstancia o princípio da solidariedade inserto nos arts. 896 e 904 do Cód. Civ., então se vinculam à obrigação pactuada (STJ - Ac. unân. da 3ª T., publ. em 09.03.92 - Resp. 15.634 - MG - Rel. Min. Waldemar Zveiter - Cia. Real de Investimento S.A. x Arabutan de Araguaia Pereira - Advs. Edelberto Augusto Gomes Lima e Hélio Moreira M. da Costa Filho).
(COAD/ADV - Jurispr. - 1992, pág. 250)

Cambial - endosso póstumo - falsificação no título - exceções oponíveis - embargos procedentes
O endosso posterior ao vencimento transmite ao endossatário direito derivado, não possuindo autonomia cambial. Nessa circunstância, são oponíveis todas as exceções que o devedor tiver contra o endossador. O pagamento parcial normalmente se prova através de recibo em separado e anotação no título, mas, sendo a cambial adulterada, apagando-se as anotações, a má fé resulta negativamente para o beneficiário ou o autor da fraude. Ninguém pode tirar proveito da própria torpeza. Os atos de ma fé provam-se por indícios e circunstâncias. A quitação, nesse caso, também. Sendo fato incontroverso que as anotações relativas aos pagamentos parciais foram apagadas e tendo a perícia concluído, com alguma margem de certeza, que os valores ali consignados correspondiam ao valor da cambial em execução, dá-se pela procedência dos embargos, porque, se os pagamentos não tivessem quitado o título, não havia motivo para a adulteração (TJ - SC - Ac. unân. da 3ª Câm. Civ., publ. em 31-05-91 - Ap. 33.763 - Rel. Des. Amaral e Silva - Vany Massoni x Elena Biachini).
(COAD/ADV - Jurispr. - 1991, pág. 476)

Fiança e Aval - Distinção
Não se confundem as figuras do avalista e do fiador. O primeiro obriga-se cartularmente, literalmente, pelo expressado no título. O segundo representa obrigação contratual. A fiança ou caução fidejussória vem a ser a promessa, feita por uma ou mais pessoas, de satisfazer a obrigação de um devedor, se este não a cumprir, assegurando ao credor o seu efetivo cumprimento. Algumas diferenças entre fiança e aval são ressaltadas, tais como a apresentação de exceções pessoais à ação do credor, o que pode ocorrer na fiança, bem como invocação de benefício de ordem (1º TACiv. - SP - Ac unân. da 7ª Câm., reg. em 18-04-91 - Ap. 416.670/7 - Rel. Juiz Regis de Oliveira - Banco de Desenvolvimento do Estado de São Paulo S/A - BADESP x Minisider Técnica Industrial de Minissiderurgia Ltda.)
(COAD/ADV - Jurispr. - 1991, pág. 363)

Alienação Fiduciária. Ação de Depósito. Constituição em Mora. Alienação Fiduciária. Ação de Depósito. Extinção por Incomprovação da Mora. Letra de Câmbio Protestada por Falta de Pagamento: Forma de Constituição em Mora.

Para a ação de depósito impõe-se que haja a comprovação quanto ao fato de o devedor fiduciário ter sido constituído em depositário do bem e de não estar este mais na sua posse, não satisfeitas ainda as obrigações por aquele assumidas. O fato de a Letra de Câmbio, cujo saque e aceitação tem previsão contratual, ter sido protestada apenas por falta de pagamento, e não também por falta de aceite, na medida em que não se destina a conferir validade e eficácia de título executivo, não tem maior relevância, no caso. Inexistindo forma sacramental para comprovação do estado de mora do devedor fiduciário, o protesto cambial, ainda que só por falta de pagamento, serve à tal finalidade. Não há irregularidade na tirada do protesto da cambial, quando sua finalidade era apenas de constituição em mora do devedor fiduciário. Ademais, o devedor fiduciário afirma ter se desfeito do veículo, bem como traz nos autos declaração em que afirma estar recebendo os valores das prestações dos adquirentes. Impõe-se o prosseguimento da demanda, com análise das demais alegações feitas, com instrução, ou com proferimento de outra sentença, segundo prudente critério do Magistrado.

Apelação provida, para efeito de cassar a sentença.

DECISÃO: DADO PROVIMENTO. UNÂNIME.
APELAÇÃO-CÍVEL N° 193220332
6ª CÂMARA CÍVEL
MOACIR ADIERS - Relator
TARGS/JUR/PP
07/04/94

Aval - Fiança - Distinção; Outorga Uxória - Desnecessidade
"Fiança e aval. Distinção. Inaplicabilidade das regras pertinentes à fiança ao aval. Como garantia tipicamente cambiária, o aval não se confunde com a fiança, com a qual tem em comum apenas a função de garantir obrigação alheia. Enquanto a fiança é obrigação acessória de outra principal, da qual depende, a responsabilidade do avalista é autônoma e independente, subsistindo mesmo quando nula e juridicamente inexistente a obrigação garantida. Conseqüentemente, não se aplica ao aval a regra do Código Civil pertinente à fiança no que diz respeito à necessidade do consentimento da mulher para sua validade. Deprovimento do recurso". (Ac un da 6ª C do TAC Rj - AC 5.233/91 - Rel. Juiz Sérgio Cavalieri Filho - j 20.08.91 - Apte.: Gloria Maria Werner Brandão; Apdo.: Banco Cidade S/A - DJ RJ 23.06.92, p 168 - ementa oficial).
(IOB - n° 15/92 - pág. 341)

Cambial - endosso - conceito e natureza
O endosso é a declaração cambial lançada na letra de câmbio ou em qualquer título à ordem pelo seu proprietário, a fim de transferi-lo a terceiro. É por meio dele que se opera a circulação dos títulos à ordem e, na formação da teoria dos títulos de crédito, na sua disciplina, o que predomina é o interesse da circulação e a segurança do terceiro de boa-fé que recebe o título sem saber e sem precisar saber das causas determinantes de sua criação. Endosso não se confunde com cessão de crédito - no caso, não se cuida de endosso póstumo que tem efeito de cessão cívil - ou de direito outros, na feição dos arts. 1.065 e 1.078, do Código Civil. Ao diverso, é instituto eminentemente cambiário. Preponderantemente o endosso é ato formal e abstrato, legitimando seu portador ante o obrigado principal, cuidando-se de garantia real. "in rem" e não "in persona", desinfluente sua causa originária (TJ-RJ - Ac. unân. da 8ª Câm. civ., reg. em 10/10/90 - Ap. 929/90 - Rel. Des. Ellis Figueira - David José da Silva x Manoel Joaquim da Silva Leite).
(COAD/ADV - Jurisp. - 1991, pág. 139)

Letra de Câmbio - Mandato em cláusula contratual - nulidade
Acolhe-se a preliminar suscitada para declarar inexistente o título executivo embasador da ação e, conseqüentemente, anular a execução, determinando, ainda, a extinção do processo de embargos. É que a letra de câmbio da execução é daquelas emitidas e avalizadas em decorrência de mandato inserido em cláusula contratual outorgado a empresa do mesmo grupo financeiro da credora, para assumir responsabilidade de extensão não especificada, figurando como favorecida esta última. Trata-se de cláusula que infringe as disposições do art. 115 do Código Civil, não tendo, daí, qualquer validade. E a falta de validade desta equivale à inexistência do mandato, conseqüentemente, nula a letra de câmbio emitida e avalizada nestas condições (TA-MG - Ac. unân. da 4ª Câm. Civ., de 05-12/90 - Ap. 100.638-6 - Rel. Juiz Mercêdo Moreira - SP - Empreendimentos Ltda. x União de Bancos Brasileiros S/A - UNIBANCO).
(COAD/ADV - Jurispr. - 1991, pág. 362).

Aval - Comissão de Permanência e multa - nota promissória vinculada a contrato
O fato de a nota promissória ter sido emitida para garantir contratos de financiamento não torna a dívida por ela representada incerta e ilíquida, nem desvirtua seu caráter de título executivo. O avalista res-

ponde pela comissão de permanência e pela multa contratual desde que tenha assinado o contrato do qual ela se originou. O avalista só não responde pelos acréscimos quando assina somente o título. Quando, no entanto, a mesma pessoa subscritora do aval participa igualmente do contrato celebrado com a instituição financeira, daí decorre a sua vinculação jurídica também às verbas acessórias avençadas expressamente (1º TACiv.-SP - Ac. unân, da 2ª Câm. reg. em 18-04-91 - Ap. 415.524-6 - Rel. Juiz Franklin Nogueira - Braz Antonio Vieira x CEESP - Caixa Econômica do Estado de São Paulo S.A.).
(COAD/ADV - Jurispr. - 1991, pág. 348)

Execução por título extrajudicial - letra de câmbio - falta de aceite - embargos do devedor
A execução de letra de câmbio sem aceite, por não ser esta representativa de dívida líquida, certa e exigível, configura nulidade pronunciável de ofício a qualquer tempo ou grau de jurisidição. Para a apresentação de embargos do devedor não basta o mero oferecimento de bens à penhora, visto que a prévia garantia de execução não se efetiva naquela oferta, que deve ainda ser processada até a redução a termo da nomeação, a partir do que poderá o executado apresentar sua oposição no prazo legal (TA - MG - Ac. Unân. da 2ª Câm. Cív., publ. em 11-05/91 - Ap. 222-2 - Rel. Juiz João Quintino - Vivenda Empreendimentos Imobiliários Ltda. x Irisolanda de Fátima Gontijo).
(COAD/ADV - Jurispr. -1991, pág. 542)

Letra de câmbio - prescrição
Não há prescrição se esta é interrompida por ato inequívoco de devedor reconhecendo o direito do credor. Mesmo que se não pudesse admitir a prescrição de ação cambial, tal circunstância não inibe o credor de executar o seu direito ao ressarcimento de prejuízos através da ação ordinária de locupletamento (TJ - RJ - Ac. Unân. da 1ª Câm. Cív., reg. em 21-09-90 - Ap. 3.720/89 - Rel. Des. Martinho Campos - Editora Civilização Brasileira S/A x Banco Português do Atlântico).
(COAD/ADV - Jurispr. - 1991, pág. 9).

Avais simultâneos - Direito de regresso do avalista - correção monetária
O avalista simultâneo que paga tem direito de regresso contra os co-avalistas, não prejudicando esse direito o fato de o avalizado estar a discutir,

em processo anterior com seu credor, a validade dos critérios usados no cálculo do seu débito. O direito de regresso, porém, observa o princípio da divisibilidade, respondendo cada devedor solidário, só e tão-somente, pela sua cota parte. A correção monetária, em se tratando de exercício de direito de regresso, conta-se da citação inicial (TJ - RJ - Ac. Unân, da 7ª Câm. Cív., reg. em 07-11-89 - Ap. 2.652/89 - Rel. Des. Rebello de Mendonça - Oscar Antônio Passos Vieira x Sérgio Murilo Barando Durão).
(COAD/ADV - Jurispr. - 1990, pág. 123).

Letra de câmbio - mandato - emissão em nome do devedor e avalistas
Este Tribunal de Alçada, por expressiva e esmagadora maioria, uniformizando sua jurisprudência, emitiu a Súmula de nº 2, através da qual é válida a cláusula que confere poderes ao credor para emitir Letras de Câmbio em nome do devedor e seus avalistas. (TACiv. - RJ - Ac. unân. da 4ª Câm., reg. em 04-12-89 - Ap. 10.578/89 - Rel. Juiz Miguel Pachá - Newton Costa Rodrigues x Unibanco, União de Bancos Brasileiros S.A.).
(COAD/ADV - Jurispr. 1990, pág. 262).

Letra de câmbio - Aceite
Para validade da letra de câmbio é indispensável o aceite, pois trata-se de requisito essencial à assunção da obrigação cambial (TA - MG - Ac. da 2ª Câm. Cív., publ. em 05-05-90 - ap. 43.289 - Rel. Juiz Garcia Leão - ADEG - Associação Desenvolvimento, Engenharia, Gerenciamento e Participações Ltda. x BCN - Negócios e Serviços S/C Ltda.)
(COAD/ADV - Jurispr. - 1990 - pág. 354)

Aval - Exclusão dos juros de mora e correção monetária
Se o avalista lança sua assinatura no contrato de abertura de crédito e no título exeqüendo, não pode, posteriormente, furtar-se ao pagamento dessas verbas acessórias (TJ - MT - Ac. unân. da 1ª Câm. Civ. de 28-09-89 - Ap. 12.538 - Rel. Des. Licínio Stefani - Bamerindus S.A. - Financiamento, Crédito e Investimentos x Pedro Chiquetti).
(COAD/ADV - Jurispr. - 1990, pág. 155).

Aval - Garantia dada por Procurador em Cambial.
Fundada a execução em cambial, não se há de baralhar a pretensão com o contrato que lhe deu causa, mas justificável é sua invocação

pelo credor porque continente da origem do negócio e de mandato para a emissão do título. Aval pode ser aposto em cambial por procurador com poderes especiais - art. 8º da LUG. Equívoco escusável no "nomen juris" constante do contrato, em que também aí o devedor-embargante foi tratado como avalista (TA-RS - Ac. unân. da 5ª Câm. Civ. de 14.09.89 - Ap. 189.002.454 - Rel. Juiz Vanir Perin - Marcos Adão Castro Moraes x UNIBANCO - União de Bancos Brasileiros)
(COAD/ADV - Jurispr. - 1990 - pág. 219)

Aval - Ressarcimento de despesas
O ressarcimento de despesas financeiras feitas pelo avalista com a finalidade de honrar o aval, é em princípio, exigível do avalizado, mas apenas na medida em que não se achem abrangidas pela execução também proposta com base na sub-rogação. Sendo assim, improcede a ação de cobrança em que não se faz tal ressalva nem se propicia ao juiz informação suficiente sobre o tema, para permitir-lhe a redução do invocado crédito às suas proporções (TJ - RS - Ac. unân. da 6ª Câm. Cív., de 13-02-90 - Ap. 589.075.225 - Rel. Des. Adroaldo Fabrício - Oscar Amadeu Brand x Omar Correa Lourega).
(COAD/ADV - Jurispr. - 1990 - pág. 323).

43984 - Letra de Câmbio - Vinculação a contrato - prova - documento em língua estrangeira
Se há letras de câmbio vinculadas a contratos de câmbio emitidas pelo importador, não cabe exigir ditos contratos do exportador, enquanto não impossibilitada a cobrança das letras de câmbio, do importador. O art. 157, CPC, repetindo regra do art. 140, Cód. Civ., estabelece que a juntada de documentos, versados em idioma estrangeiro somente poderá ocorrer, em autos, quando acompanhados de tradução juramentada; aliás, o citado art. 140, exige tal tradução para que o documento tenha validade no País. Não se vê qualquer tradução daqueles documentos em língua alienígena, o que, "per se", os torna inválidos e ineficazes, incapazes de merecer cognição. Como não se vê qualquer autenticação, nas reprocópias "sub oculo", o que as torna ineficazes como prova em juízo, por infringência ao art. 385, do CPC quanto aos documentos privados, e art. 365, III, para os documentos públicos (TA-RS - Ac. unân. da 2ª Câm. Cív., reg. em 27-12-88 - 188.047.500 - Rel. Juiz Waldemar de Freitas - Banco Bamerindus do Brasil S.A. x Cotriexport Cia. de Comércio Internacional.).
(COAD/ADV - Jurispr. - 1989 - pág. 281)

Letra de câmbio - terceiro beneficiário - extinção da obrigação
A letra de câmbio é ordem de pagamento que alguém dirige a outrem para pagar a terceiro e importa numa relação entre pessoas que ocupam três posições no título: a de sacador, a de sacado e a de beneficiário da ordem. O sacador emite a letra e assina a ordem para o sacado pagar. Se indica o próprio nome como beneficiário ou tomador, a letra de câmbio assume o efeito de nota promissória. Se, no entanto, coloca o nome de terceiro como beneficiário ou tomador, este pode apresentá-la ao aceitante. Se o último efetua o pagamento, extinta ficará a sua obrigação para com o sacador, que não mais pode cobrá-la (1º TACiv. - SP Ac. Unân. da 6ª Câm. de 16-05-89 - Ap. 401.464-6 - Rel. Juiz Carlos Gonçalves - Banco de Investimento BCN S.A x Nivaldo Lourenço).
(COAD/ADV - Jurispr. - 1989, pág. 490).

Aval - Obrigação autônoma - concordata deferida em favor do devedor - efeitos com relação ao executado e coobrigados
O aval, como garantia tipicamente cambiária, faz do avalista um obrigado direto, principal e autônomo, podendo ser executado independentemente do emitente do título. Deferida a concordata, ficam suspensas apenas as ações e execuções contra o devedor, por créditos sujeitos aos seus efeitos, prosseguindo-se contra os avalistas do concordatário. A concordata não produz novação nem desonera os coobrigados com o devedor (TACiv. - RJ - Ac. unân. da 6ª Câm. reg. em 20-06-89 - Ap. 3.711 - Rel. Juiz Sérgio Cavalieri - Arlete de Maria Mendes Silva x Banco Safra de Investimentos S/A).
(COAD/ADV - Jurispr. - 1989, pág. 587)

Aval - Caracterização - Responsabilidade do avalista.
O aval, que não se confunde com a fiança, é obrigação autônoma assumida pelo avalista em favor do avalizado, nada importando as suas relações com este e muito menos as exceções pessoais que este último poderia opor ao credor. O avalista tem responsabilidade autônoma e que não se vincula a controvérsias da declaração do título ou de sua obrigação (TA Civ. RJ - Ac. unân. da 6ª Câm. reg., em 20-04-88 - Ap. 66.842 - Rel. Juiz Arruda França - Laerte da Motta Ferreira x Banco Nacional S/A).
(ADCOAS - Jurispr. 1988, pág. 263)

Título de crédito - Novação - Terceiro de Boa Fé - Inoponibilidade de Exceção

Inexistindo prova de má fé, é defeso ao devedor que visa a desconstituição de título exeqüendo e que alega ter sido este substituído por outro já resgatado, opor exceção pessoal contra o terceiro endossatário, por ser este legítimo portador de boa fé, e ser esta exceção oponível tão-somente contra o sacador da cambial (TA - MG - Ac. unân. da 2ª Câm. publ. no DJ de 19-05-88 - Ap. 33.618 - Congonhas - Rel. Juiz Orlando Carvalho - Construtora Minas Sul S/A x Eli Cássio Trajano).

(ADCOAS - Jurispr. - 1988, pág. 300)

Título de crédito - execução - preenchimento por mandato presumido - legalidade

O preenchimento de título de crédito incompleto por ocasião de sua execução, através de mandato presumido, é medida autorizada pelos arts.10 da Lei Uniforme de Genebra e arts. 4º e 54, § 1º, do Decreto-Lei 2.044/08 (TJ-ES - Ac. unân. da 1ª Câm. Cív. julg. em 15-03-88 - Ap. 14.414 - Castelo - Rel. Des. Norton de Souza Pimenta - Jair Cesconetto e sua mulher x Izair Magnano).

(ADCOAS - Jurispr. - 1988, pág. 332)

Nota Promissória

Contrato de abertura de crédito
Nota promissória vinculada a contrato de abertura de crédito. Indispensável a demonstração do evoluir do débito para que se reconheça sua exigibilidade contra os avalistas da nota promissória dada em garantia. Apelos providos.

DECISÃO: DADO PROVIMENTO. UNÂNIME.
APELAÇÃO CÍVEL Nº 194217675
8ª CÂMARA CÍVEL
MARIA BERENICE DIAS - Relatora
07/03/95
TARGS/JUR/B

Execução
Nota Promissória
O nome da pessoa a quem o valor constante do título deva ser pago é requisito da nota promissória.
O portador presume-se autorizado a preencher a cártula, conforme avençado, mas deve fazê-lo anteriormente ao ajuizamento da execução.
Recurso Provido.

DECISÃO: DADO PROVIMENTO. UNÂNIME.
APELAÇÃO CÍVEL Nº 195000690
8ª CÂMARA CÍVEL
ALCINDO GOMES BITTENCOURT - Relator
21/02/95
TARGS/JUR/F

Causa Debendi - Juros de Mora - Juros
Empréstimo bancário
Nota Promissória
Cabe discussão sobre o negócio subjacente e sobre o valor do título de crédito quando este não circulou.
Juros remuneratórios superiores a 12% a.a. embutidos no título, expungidos da execução. Auto-aplicabibilidade do art. 192, § 3º, da CF. Taxa de juros moratórios não estipulada. Aplicação do art. 1062 do C. Civil.
Preliminares rejeitadas. Apelo provido. Unânime.

DECISÃO: DADO PROVIMENTO. UNÂNIME.
APELAÇÃO CÍVEL Nº 194235164
9ª CÂMARA CÍVEL
ANTÔNIO GUILHERME TANGER JARDIM - Relator
14/02/95
TARGS/JUR/AC

Correção monetária
Nota promissória- quitação
Promissória. Recebimento do capital sem ressalva. Presunção de quitação de encargos. Tendo o credor recebido o capital, entregando o título ao devedor sem lançar qualquer ressalva quanto à correção monetária, presume-se quitada integralmente a dívida - entendimento dos artigos 944 e 945 do Código Civil e artigo 252 do Código Comercial. Apelo do requerido provido, prejudicado aquele do autor.

DECISÃO: DADO PROVIMENTO AO PRIMEIRO APELO E JULGAR PREJUDICADO O SEGUNDO. UNÂNIME.
APELAÇÃO CÍVEL Nº 194249124
7ª CÂMARA CÍVEL
LEONELLO PEDRO PALUDO - Relator
08/02/95
TARGS/JUR/F

Embargos do devedor - Execução - Prescrição - Aval - Fiança - Impenhorabilidade - Penhora/soja - Nulidade
Agravo de instrumento

Execução do contrato e de título de crédito vinculado. Fiança e aval. Devedor principal e solidário.
Impertinente a discussão sobre a existência de aval em nota promissória e inexistência em contrato, quando ambos os títulos são passíveis de execução. Orientação das Súmulas nºs 26 e 27 do STJ que apontam, respectivamente, a responsabilidade do avalista e a possibilidade da execução de mais um título.
(...)

DECISÃO: NEGADO PROVIMENTO. UNÂNIME.
5ª CÂMARA CÍVEL.
AGRAVO DE INSTRUMENTO Nº 194243838
JASSON AYRES TORRES - Relator
09/02/95
TARGS/JUR/AC

Embargos do devedor - Má fé - Exceções pessoais
Causa Debendi
Execução. Débito inexistente. Embargos do devedor procedentes. Provando o executado que o "credor" de nota promissória adquiriu o título de má fé, em "consilium fraudis" com o portador originário, pode contra ele opor exceções pessoais e discutir a "causa debendi". Se demonstra que havia emitido a cártula em branco para que seu advogado celebrasse acordo em processo de execução, onde figurava como réu, sem que tal acordo tenha sido celebrado, desaparece a razão de ser do título. E, se o patrono repassa a nota a terceiro, que vem a executá-la, cabe o cancelamento desta execução, porque inexistente o débito, impossibilitada também a cobrança pelas vias ordinárias.

DECISÃO: NEGADO PROVIMENTO. UNÂNIME.
APELAÇÃO CÍVEL Nº 194089546
2ª CÂM. CÍVEL
HÉLIO WERLANG - Relator
01/12/94
TARGS/JUR/S

Endosso - Promessa de Compra e Venda
Nota promissória. Endosso. Título à ordem. Mesmo que nascente de um contrato, havendo endosso que não se revela tardio, há de se

prestigiar a força cambiária das cártulas. A prova de proceder conscientemente em detrimento do devedor deve ser feita pelo obrigado (art. 17 LUG). Circulando o título, há transferência de um credor para outro. No caso, ainda se adiciona o fato de haver resolução judicial da promessa de compra e venda na qual foi reconhecida a culpa dos devedores (emitente).
Recurso provido por maioria.

DECISÃO: ACOLHERAM EMBARGOS. MAIORIA.
EMBARGOS INFRINGENTES Nº 193128600
4º GRUPO CÍVEL
CLAÚDIO CALDEIRA ANTUNES - Relator
21/11/94
TARGS/JUR/B

Prescrição - Cancelamento: de protesto
Cancelamento de protesto. Notas promissórias prescritas.
Não mais subsistindo a obrigação cambiária, extinta face a prescrição do crédito materializado em notas promissórias, o cancelamento em definitivo do protesto que, a partir dela, foi concebido, é medida que se impõe, não havendo mais o porquê da persistência.

DECISÃO: DADO PROVIMENTO. UNÂNIME.
APELAÇÃO CÍVEL Nº 194138699
1ª CÂMARA CÍVEL
ARNO WERLANG - Relator
01/11/94
TARGS/JUR/E

Contrato de Abertura de Crédito - Embargos do Devedor - Nulidade da Execução
Embargos do Devedor. Contrato de Abertura de Crédito. Promissória Iliquidez. Ausência de Demonstrativo da Evolução da Dívida. Nulidade da Execução.
Tratando-se de contrato de abertura de crédito em conta corrente torna-se obrigatório demonstrar a evolução do saldo devedor que legitime o saque do título em execução. Não ocorrendo, a dívida torna-se ilíquida e nula é a execução.
Apelação não provida.

DECISÃO: NEGADO PROVIMENTO. UNÂNIME.
APELAÇÃO CÍVEL Nº 194115457
7ª CÂMARA CÍVEL
ARIOSTO CARVALHO CAMPOS - Relator
28/09/94
TARGS/JUR/A

Nulidade do processo - execução
Execução. Nulidade. Nota Promissória. O nome de quem ou à ordem de quem deve efetuar-se o pagamento constitui requisito essencial. Exegese dos artigos 75 e 76 da LUG. Incoada a execução sem que se efetive o preenchimento, pelo portador, é ela nula e merece ser extinta, por falta de executividade do título. Apelo improvido.

DECISÃO: NEGADO PROVIMENTO. UNÂNIME.
APELAÇÃO CÍVEL Nº 194239281
8ª CÂMARA CÍVEL
LUIZ ARI AZAMBUJA RAMOS - Relator
07/02/95
TARGS/JUR/AC

Contrato de abertura de crédito - Título executivo - Extrato - Embargos do Devedor.
Execução. Contrato de abertura de crédito. Executividade. Não apresentam executividade, firmada no inc. II do art. 585 do CPC, contrato de abertura de crédito, e a nota promissória a ele vinculada, mormente se desacompanhada dos extratos da conta-corrente, demonstradores da evolução do débito, só juntados nos embargos. Posição atual do STJ. Apelação provida. Recurso adesivo prejudicado.

DECISÃO: DADO PROVIMENTO. UNÂNIME.
APELAÇÃO CÍVEL Nº 194204244
1ª CÂMARA CÍVEL
JURACY VILELA DE SOUSA - Relator
TARGS/JUR/F
22/11/94

"Factoring"
"Factoring". Não pagamento pelo devedor dos títulos negociados. Irresponsabilidade do faturizado, ineficácia de promissória emitida pelos gerentes da faturizada garantindo a dívida dos títulos negociados.
1) A operação de "factoring", face à elevada comissão cobrada pelo faturizador, distingue-se da operação bancária de desconto de títulos, razão porque o fatorizador assume o risco do não pagamento pelo devedor dos títulos negociados.
2) A emissão de promissória pelos gerentes da faturizada, com expressa menção de que destina-se a garantir o pagamento do devedor do título negociado, representa engenho contornador da irresponsabilidade do faturizado, sem eficácia na relação faturizador-faturizado. Recurso improvido.

DECISÃO: NEGADO PROVIMENTO. UNÂNIME.
APELAÇÃO CÍVEL Nº 194214144
7ª CÂMARA CÍVEL
LEONELLO PEDRO PALUDO - Relator
30/11/94
TARGS/JUR/F

Nota promissória
Execução. Promissória assinada em branco confere mandato ao portador, nos limites da relação negocial. Ao devedor cabe comprovar o preenchimento abusivo. Não demonstrado, o título é válido. Sentença confirmada. Apelo improvido.

DECISÃO: NEGADO PROVIMENTO. UNÂNIME.
APELAÇÃO CÍVEL Nº 195007778
1ª CÂMARA CÍVEL
LUIZ ARI AZAMBUJA RAMOS - Relator
21/02/95
TARGS/JUR/B

Título executivo - embargos do devedor - "Factoring"
Título executivo. Embargos do devedor. Alegação de ter sido dado em garantia do pagamento de outros títulos. Empresas dedicadas a "factoring". Ausência de registro contábil da nota promissória. Circunstância que não lhe retira a executividade e nem afeta sua validade.

Ainda que a nota promissória tivesse sido dada em garantia do pagamento de outros títulos (circunstâncias não devidamente comprovada), ela não restaria, só por isso, desprovida de executividade. Na medida em que o título contém o valor do débito, não se pode dizer que ele não preencha o requisito da liquidez. A falta de seu lançamento na contabilidade da empresa não torna o título nulo. Exercendo, embargante e embargada, atividade de "factoring", não pode a devedora, para eximir-se do pagamento do título, alegar que as normas do Banco Central vedam que eles se utilizem das Notas Promissórias, porque o acolher de tal defesa importaria em beneficiar quem participou da infringência delas.
Apelação desprovida.

DECISÃO: NEGADO PROVIMENTO. UNÂNIME.
APELAÇÃO CÍVEL Nº 194078994
6ª CÂMARA CÍVEL
MOACIR ADIERS - Relator
15/09/94
TARGS/JUR/A

Nota Promissória - Título vinculado a Contrato - Aval - Solidariedade
Admissível a execução simultânea de nota promissória e do contrato a que se vincula, respondendo conjuntamente pelos encargos neste previstos o devedor principal e o avalista que o tenha firmado, em virtude do princípio da solidariedade inserto nos arts. 896 e 904 do Código Civil (TA - MG - Ac. unân. da 3ª Câm. Cív., publ. em 19-11-91 - Ap. 100.916-5 - Rel. Juiz Pinheiro Lago - Banco de Crédito Nacional S/A x Nelson Pimenta Júnior).
(COAD/ADV - Jurispr. - 1992, pág. 25)

Nota Promissória - prova de quitação por indícios e circunstâncias - validade; juros - limite constitucional - aplicação imediata
"Título executivo extrajudicial - Nota promissória - Prova de quitação por indícios e circunstâncias - Validade - Constituição Federal, § 3º do art. 192 - É válida a prova da quitação de nota promissória realizada através de indícios e circunstâncias convincentes. - O desconto de duplicatas é ilegal quando feito por empresas que, a pretexto de adquirirem faturamento de outras, exercem atividade no mercado de capitais, desacobertadas de autorização e da fiscalização do Banco Central do Brasil, efetuando empréstimos com cobrança de juros acima da taxa

permitida, pois tal atividade se subordina às regras traçadas pelo Conselho Monetário Nacional que exigem prévia autorização do Banco Central do Brasil para a sua instalação (Lei nº 4.595, de 31 de dezembro de 1964, art. 10, IX, a). - É auto aplicável o § 3º do art, 192 da Constituição da República, que proíbe a cobrança de juros acima de 12% do valor atualizado do débito pelo que exerce agiotagem quem infringe a regra". (Ac da 3ª C Civ do TA MG - AC 115.947-3 - Rel. Juiz Ximenes Carneiro - j 22.10.91. - Apte.: Leon Indústria e Comércio de Roupas Ltda.; Apda: EMBRAFAC - Empresa Brasileira de Factoring Ltda. - "Minas Gerais" II 13.06.92, p 08 - menta oficial)
(IOB - Jurispr. nº 15/92, pág. 335)

Nota Promissória - Emissão em branco
Quem entrega título em branco tem contra si a presunção de estar outorgando poderes para o seu preenchimento, desde que, ao fazê-lo, o portador não aja com abuso de confiança nem extrapole os limites restritos do mandato (TJ-DF - AC. unân. da 1ª T. Cív. publ. em 27-11-91 - Ap. 19.075/88 - Rel. Des. Natanael Caetano - Nyppon Reguladora Ltda. x Banco Nacional S/A).
(COAD/RS - Jurispr. - 1992, pág. 105)

Nota Promissória - vinculação a contrato - mútuo bancário
A promissória emitida como garantia de contrato de mútuo bancário não perde a executividade, mesmo que não haja coincidência absoluta dos valores, desde que guardem essa coerência com os termos do pactuado, não se abalando a autonomia da cambial pela sua vinculação ao contrato. Recusando-se o credor intimado a apresentar o extrato, inviabiliza-se a aferição da harmonia entre a avença contratual e o título de crédito, justificando-se a acolhida dos embargos. Dependendo o julgamento de apreciação de cláusula contratual, não se conhece do recurso especial (STJ - Ac. unân. da 4ª T., publ. em 24/02/92 - Resp. 8.715 - MG - Rel. Sálvio de Figueiredo - Banco Real S.A. x Jacy Caetano de Vasconcelos - Advs. Edelberto Augusto Gomes Lima e Libencio José Mundim da Fonseca).
(COAD/RS - Jurispr. - 1992, pág. 282)

Nota Promissória - Vinculação a Contrato - Endosso - Protesto
O prazo para a realização do protesto contra coobrigados,

objetivando assegurar o regresso, é exíguo e extintivo deste direito, ao passo que o dirigido contra o devedor principal e seus co-responsáveis pode ser efetuado enquanto não prescrita a cambial. A vinculação de cambiais a contrato não impede o seu endosso. Praticado este ato antes do vencimento, não há falar em cessão civil, inaplicando-se, consequentemente, as normas que lhe são próprias (TJ - SC - Ac. unân. da 3ª Câm. Cív., publ. em 12-11-91 - Ap. 37.760 - Rel. Des. Eder Graf - SBC - Materiais para a Construção e Ferragens Ltda. x James Gilson Berlim).
(COAD/ADV - Jurispr. - 1992, pág. 170).

Nota Promissória - Vinculação a Contrato - Caução de Títulos
Promissória vinculada a contrato de financiamento não perde a característica de título executivo e a execução nela fundamentada, endereçada ao avalista, há de chegar ao seu desfecho natural se o obrigado não demonstra a ocorrência de pagamento ou a existência de causa capaz de lhe retirar a eficácia. (TACív - RJ - Ac. unân. da 5ª Câm., reg. em 06-02-92 - Ap. 11.101/91-Rel. Juiz Gustavo Leite Brizon-Engenharia Ltda x José Marcellino Martins).
(COAD/ADV - Jurispr. - 1992, pág. 201).

Nota Promissória - Exceções pessoais oponíveis - Negócio subjacente - Preenchimento abusivo
Sendo exeqüente e executado, respectivamente, credor e devedor da relação fundamental que deu ensejo ao surgimento do título, pode o último, em sede de embargos à execução, opor as exceções pessoais que lhe assistam, inclusive ausência do próprio vínculo obrigacional e preenchimento abusivo da cártula. Entendendo o acórdão caracterizado o abuso no preenchimento do título, descabe ao STJ avaliar os motivos determinantes de tal decisão, por demandar tal proceder revolvimento de matéria fática. Ao juiz, frente à moderna sistemática processual, incumbe analisar o conjunto probatório em sua globalidade, sem perquirir a quem competiria o "onus probandi". Constando dos autos a prova, ainda que desfavorável a quem a tenha produzido, é dever do julgador tomá-la em consideração na formação de seu convencimento (STJ - Ac. unân. da 4ª T., em 11-05-92 - Resp. 11.468-0-RS - Rel. Min. Sálvio do Figueiredo - Luiz Sordi x Wilson Eldor Rohrig - Advs. Itacir Cadore e Júlio César Costa Rodrigues).
(COAD/ADV - Jurispr. - 1992, pág. 378)

Nota Promissória - Endosso - Compensação do crédito
Não há possibilidade de o devedor de promissória endossada a terceiro compensar crédito que diz ter junto ao endossador com seu débito, que agora é perante o endossatário, e que nenhuma relação tem com aquele negócio (TA - PR - Ac. unân. da 1ª Câm. Cív., de 18-12-90 - Ap. 35.865-0 - Rel. Juiz Celso Guimarães - Orlando de Souza Oliveira x Odair Toninato).
(COAD/ADV - Jurispr. - 1991, pág. 489)

Nota promissória - valor por extenso - valor em algarismos
Divergentes no título o valor em algarismos e o por extenso, pode-se considerar aquele expresso em algarismos se houver nos autos elementos de convicção e demonstrar a existência de simples erro material (TA-MG - Ac. da 3ª Câm. Cív., publ. em 18-06-91 - Ap. 52.140-3 - Rel. Juiz Pedro Lima - João Claro Marques x Banco Brasileiro de Descontos S/A).
(COAD/ADV - Jurispr. - 1991, pág. 505).

Nota promissória - Local e Data omissos - Validade
Não constitui requisito, a invalidar a nota promissória, a ausência de indicação do local e de data de emissão, mormente se o próprio emitente, que invoca a nulidade, foi quem lhe deu causa (TA-MG - Ac. da 3ª Câm. Cív. publ. em 22-05-91 - Ap. 49.067-3 - Rel. Juiz Abreu Leite - Romildo Divino Lemos x Sebastião Afonso Fernandes Neto).
(COAD/ADV - Jurispr. - 1991, pág. 537)

Nota promissória - execução contra avalistas
Não é necessário o protesto do título para o resguardo do direito de ação contra o avalista do emitente de nota promissória (STJ) - Ac. unân. da 4ª T., publ. em 15-04-91 - Resp. 4.646 - CE - Rel. Min. Barros Monteiro - Banco Coml. Bancesa S/A x Francisco Fleury Uchoa Santos - Advs. Washington Luis Bezerra de Araújo e José Lindival de Freitas).
(COAD/ADV - Jurispr. - 1991, pág. 634).

Nota Promissória - Vinculação a Contrato de Mútuo - Multa Contratual e Verba Honorária
Tratando-se de obrigação contraída através de contrato de mútuo, jungido às regras do mercado financeiro comum, descabida se mostra a

tentativa de lhe dar a conotação de crédito rural, pela sua eventual destinação, com a aplicação dos benefícios previstos nas Resoluções 1.113/86 e 1.431/87, do Banco Central do Brasil, já que tal é aferido em face da origem e finalidade específicas da operação realizada. Legítima é a cumulação da multa contratual com a verba honorária, por força de torrencial jurisprudência, sacramentada na Súmula 616 do Pretório Excelso. As disposições do Dec. 22.626/33 não se aplicam às taxas de juros cobradas nas operações realizadas pelas instituições de crédito que compõem o sistema financeiro nacional - Súmula 596 do STF (TA-PR - Ac. unân, da 1ª Câm. Civ., de 14-05-91 - Ap. 25.021-5 - Rel. Juiz Duarte Medeiros - Osmar Pereira de Souza x Banco Safra S/A).
(COAD/ADV - Jurispr. - 1991, pág. 698)

Nota Promissória - Juros Capitalizados - Anatocismo
Nem mesmo as instituições financeiras podem cobrar juros capitalizados. No caso de tal infração - Decreto 22.626/33, art. 4º - a dívida não perde a sua liquidez se esses juros puderem ser expungidos mediante simples cálculo aritmético. A multa meramente moratória não é proibida pela Resolução 1.129/86 (TA-PR) - Ac. unân. da 7ª Câm. Cív. de 19-11-90 - Ap. 31.412-3 - Rel. Juiz Mendonça de Anunciação - Pedro da Silva Reis x Banco Mercantil de São Paulo S/A.).
(COAD/ADV - jurispr. - 1991, pág. 409).

Execução por título extrajudicial - aval em notas promissórias
Na execução por título extrajudicial, contra avalistas da nota promissória, a defesa sustentada em exceções pessoais é imprópria e sem amparo legal, não lhes cabendo por isso invocar vício do título ou ilicitude da obrigação. O pagamento da parcelas da dívida, por ser deduzível, não desnatura o título, que permanece cobrável pela via executiva. É acumulável a comissão de permanência com a correção monetária prevista no contrato (TACiv. - RJ - Ac. da 6ª Câm., reg. em 15.04.91 - Ap. 11.911/89 - Rel. Juiz Clarindo Nicolau - Fernando José Gonçalves de Sousa Castro x Banco Itaú de Investimentos S/A).
(COAD/ADV - Jurispr. - 1991, pág. 413)

Nota promissória - nulidade convalidada - denunciação da lide - sucumbência
O juiz determina a inutilização dos espaços em branco de um

título de crédito já nulo - por falta de requisitos indispensáveis exigidos pela LUG - procede tão somente com cautela, e não com dolo ou fraude, tendo em vista que objetiva convalidar a nulidade decretada do título, tornando-o imprestável para uma execução posterior. A convalidação da nulidade decretada do título não causa prejuízo algum para o autor uma vez que se trata de título imprestável, e por ainda restar a ele amparo jurisdicional numa possível ação de cobrança. Quando a denunciação da lide é facultativa e o denunciante, podendo aguardar o resultado da ação principal, não o faz, assume o risco de sucumbência em relação ao denunciado (TJ - MG - Ac. unân. da 5ª Câm. Cív., publ. em 24-09-91 - Ap. 85.081/5 - Rel. Des.Costa Val - Adva. Teresa Cristina da Cunha Peixoto Reis).
(COAD/ADV - Jurispr. - 1991, pág. 713)

Nota promissória - embargos do emitente e avalistas - invalidade da cláusula de mandato em contrato de mútuo
A nota promissória pode, em tese, ser emitida por mandatário com poderes especiais. Todavia, por vulneração ao art. 115 do Código Civil, é nula a cambial emitida com base em mandato de extensão não especificada, outorgado pelo devedor em favor de empresa integrante do mesmo grupo financeiro a que pertence a instituição credora (STJ - Ac. da 4ª T., publ. em 10-06-91 - Resp 1.957 - MT Rel. Min. Athos Carneiro - Edson Ricardo de Andrade x Cia Real de Investimento - Crédito, Financiamento e Investimento - Advs Zaid Arbid e José Wanderley Garcia Duarte).
(COAD/ADV - Jurispr. 1991, pág. 682)

Aval - Nota Promissória vinculada a mútuo
O avalista de nota promissória vinculada a mútuo, partícipe do pacto como devedor solidário, responde também pelas obrigações contratuais. É certo que o instituto do aval somente pode ser encontrado no título de crédito, mas não menos verdadeiro é que se o devedor avalista assina concomitantemente um contrato, se responsabilizando solidariamente pela quantia estipulada, responde também por essa obrigação (STJ - Ac. unân. da 4ª T., publ. em 07-10-91 - RESP 11.098 - MG - Rel. Min. Fontes de Alencar - Banco Bradesco de Investimento x Frazzanelli Pizzaria Churrascaria e Choperia Ltda., S/A - Advs Jacques Pinheiro Colares e José de Vasconcelos Padrão).
(COAD/ADV - Jurispr. - 1991, pág. 763)

Nota promissória - Juros limites constitucionais - Excesso de execução
Configura-se excesso de execução a cobrança de juros moratórios anteriormente ao vencimento do título, porquanto inexiste mora, podendo ser descontados da condenação "ex officio". É preciso convir que o Conselho Monetário Nacional não tem competência para legislar sobre taxa de juros, sob pena de invasão de competência do executivo no legislativo, o que é subversão da ordem constitucional. Assim, é verdade que as disposições do Decreto 22.626/33 não se aplicam às taxas de juros cobradas pelas instituições do sistema financeiro, mas tais taxas devem ser fixadas pelo legislativo e não pelo Conselho Monetário Nacional, como aliás, vem entendendo esta Câmara em iterativas decisões. Acertada, pois, a exclusão dos juros moratórios, eis que tais juros, de forma indisfarsável, encobrem correção monetária. Por outro lado, determinando que os juros se computassem a partir da emissão do título, realmente não laborou a sentença no melhor direito, pois sendo o suporte jurídico dos juros feneratícios, a "mora debitoris", ela só pode ocorrer com o vencimento do título, caracterizado a taxa pela "mora ex vi", aplicando o princípio do "interpellatio pro homine". Assim os juros correm do vencimento do título, com taxa cobrada dentro do figurino legal, que impõe 12% ao ano, como determinou o art. 192, § 3º, da Constituição Federal, aplicável independentemente de regulamentação, como vem entendendo, também, esta Câmara (TA-MG - Ac. da 5ª Câm. Civ., publ. em 09-02-91 - Ap. 50.830-5 - Rel. Juiz Marino Costa - Banco do Estado de Minas Gerais x Supermercado Habib Saib Ltda).
(COAD/ADV - Jurispr. 1991, pág. 154)

Nota Promissória - Requisitos
Os requisitos essenciais da nota promissória não são somente aqueles mencionados no art. 54 do Dec. 2.044, de 31-12-1908. Outros foram introduzidos pela Lei Uniforme de Genebra, em seu art. 75, entre os quais a indicação da data e do lugar onde a Nota Promissória é passada. O título em que faltar algum dos requisitos indicados no artigo anterior não produzirá efeito como Nota Promissória, salvo nos casos determinados no art. 76, que dizem respeito à falta de indicação da época do pagamento e à falta de indicação do lugar onde o título foi passado, não se aplicando, pois, à hipótese em exame relacionada com a data de emissão. Infere-se daí que, segundo a Lei Uniforme, Nota Promissória da qual não conste a data em que foi passada é nula. (TA - MG - Ac. da 5ª Câm. Cív. de 10-12-90 - Ap. 101.301-8 - Rel Juiz Aloysio

Nogueira - Wilson Teobaldo x Ademar Pereira Vilela).
(COAD/ADV - Jurispr. - 1991, pág. 249)

Nota Promissória - Requisitos
Os requisitos essenciais da nota promissória não são somente aqueles mencionados no art. 54 do Decreto Lei 2.044 de 31-12-1908. Outros foram introduzidos pela Lei Uniforme de Genebra, em seu art. 75, entre os quais a indicação da data e do lugar onde a nota promissória é passada. O título em que faltar algum dos requisitos indicados no artigo anterior não produzirá efeito como nota promissória, salvo nos casos das exceções, que dizem respeito à falta de indicação da época do pagamento e do lugar onde o título foi passado, não se aplicando, pois, à hipótese em exame relacionada com a data da emissão. Infere-se daí que, segundo a Lei Uniforme, nota promissória da qual não conste a data em que foi passada é nula (TA-MG - Ac. da 5ª Câm. Cív., de 10-12-90 - Ap. 101.301.8 - Rel. Juiz Aloysio Nogueira - Wilson Teobaldo x Ademar Pereira Vilela).
(COAD/ADV - Jurispr. 1991, pág. 171)

Nota Promissória - Aval - Discussão da "Causa Debendi"
Estando a nota promissória revestida de todas as formalidades legais e constituindo o aval obrigação formal, autônoma e independente, não pode o avalista discutir a origem do título que representa a dívida líquida, certa e exigível (TJ-SC - Ac. unân. da 3ª Câm. Cív. publ. em 21-12-90 - Ap. 34.191 - Rel. Des.Cid Pedroso - Joaquim Fernandes Luiz Neto x Banco do Brasil S/A).
(COAD/ADV - Jurispr. - 1991, pág. 266)

Nota Promissória - Dívida de jogo
A alegação de que a nota promissória tenha sido emitida em garantia de dívida de jogo gera para o exeqüente a obrigação de demonstrar a origem de crédito, para que o título mantenha sua exigibilidade jurídica (TA - MG - Ac. unân. da 3ª Câm. Civ., publ. em 09-03-91 - Ap. 49.543-3 - Rel. Juiz Pinheiro Lago - José Custódio de Souza x José Moreira de Souza Primo).
(COAD/ADV - Jurispr. - 1991, pág. 233)

Nota Promissória - Execução por Endossatário - "Causa Debendi"
É lícito ao devedor discutir a origem da dívida, tanto em relação ao credor originário quanto a terceiro de má fé. Hipótese em que o acórdão local, do exame dos fatos - Súmula 7/STJ, admitiu a má fé do portador do título. Inexistência de afronta a textos de direito cambial e dissídio não comprovado (STJ - Ac. unân. da 3ª T., publ. em 03-12-90 - RESP 4.730-PR - Rel. Min, Nilson Naves - Cia. de Tratores Mayrink Goes x Mário Xiroxi Kaneta - Advs. Guilherme Moreira Rodrigues, Alir Ratacheski e Pedro Gordilho).
(COAD/ADV - Jurispr. 1991, pág. 215)

Nota Promissória - "Causa Debendi"
Nas relações imediatas é possível a investigação da "causa debendi" (TA - PR - Ac. unân., da 3ª Câm. Civ., publ. em 24-10-90 - Ap. 236/89 - Rel. Juiz Francisco Muniz - Herbitécnica - Defensivos Agrícolas Ltda. x José Messias Ribeiro).
(COAD/ADV - Jurispr. - 1991, pág. 137)

Aval - Contrato de Financiamento Vinculado a Nota Promissória
Se o avalista de nota promissória vinculada a contrato de financiamento para formação de capital de giro comparece como interveniente garantidor do contrato que lhe deu origem, torna-se responsável por suas cláusulas e encargos decorrentes da mora (TA-PR - Ac. unân. da 2ª Câm. Cív., publ. em 28-09-90 - Ap. 2.998/89 - Rel. Juiz Hildebrando Moro - Banco Bradesco de Investimentos S/A x Victor Brugeff).
(COAD/ADV - Jurispr. - 1991, pág. 139)

Execução por Título Extrajudicial - Nota Promissória
Se a execução aparelhada tem por base apenas o título cambiário, não se pode exigir dos devedores as parcelas avençadas no contrato subjacente à emissão da cártula. Recurso especial não conhecido (STJ - Ac. unân. da 4ª T., publ. em 17-12/90 - RESP 6.006 - MG - Rel. Min. Barros Monteiro - Banco Real S/A x CRAF - Com. e Representações de Adubos e Fosfatos Ltda. - Advs. Edelberto Augusto Gomes Lima e Arnaldo Silva).
(COAD/ADV - Jurispr. - 1991, pág. 94)

Aval - "Causa Debendi"
Quem presta aval prontamente se vincula à obrigação cambial que assumiu, independentemente do negócio jurídico subjacente entre o criador e o beneficiário da cártula. Assim, não pode o avalista, não tendo alegado vício de forma ou de consentimento e, conseqüentemente, não atacando a força executiva da promissória, opor defesa em exceção que não lhe era pessoal, sob pena de desprezo aos princípios do direito cambial. "In casu", o avalista declara que conhecia de antemão o negócio criador da cártula e que se tratava de agiotagem, pois, em vezes anteriores, premido pelas circunstâncias, aquiesceu em tomar empréstimos semelhantes. Portanto, também, por essa razão não pode alegar a ilicitude da relação jurídica de origem. Inexiste cerceamento de defesa na decisão que nega a instrução probatória pericial e testemunhal, em razão da autonomia e formalidade do aval (TA - PR - Ac. unân. da 2ª Câm. Civ., de 28.03.90 - Ap. 286/90 - Rel Juiz Gilney Carneiro - Manfredo Roberto Luiz Grubhofer x SOCOFER - Construções e Empreendimentos Ltda.).
(COAD/ADV - Jurispr. - 1990 - pág. 515)

Aval - Obrigação Dupla - Contrato de Financiamento
Quem avalisa nota promissória, e se compromete a garantir em contrato de mútuo firmado por outrem, responde pelas duas obrigações: cambiária e contratual. (TA - PR - Ac. unan. da 1ª Câm. Civ., publ. em 17-08-90 - Ap. 3.498/89 - Rel. Juiz Mendonça de Anunciação - Financeira Bemge S/A - Crédito, Financiamento e Investimento x Valmir Rafael dos Santos).
(COAD/ADV - Jurispr. - 1990 - pág. 756).

Nota Promissória - Vinculada a Contrato de Financiamento - Aval
O avalista de nota promissória só responde pelo valor do principal, mais juros legais e correção monetária, eis que o aval - instituto de direito cambial é obrigação abstrata e autônoma, escapando da responsabilidade do avalista tudo aquilo que seja estranho ao próprio título cambial, mesmo que haja anuído ao contrato que deu origem à cartula objeto da execução (TA-PR - Ac. unân. da 3ª Câm. Civ., de 12-06-90 - Ap. 1.420/90 - Rel. Juiz Maranhão de Loyola - Agro-Scala Comercial Agropecuária Ltda. x Banco Bradesco S/A.).
(COAD/ADV - Jurispr. - 1990, pág. 560)

Aval - Nota Promissória em Branco - Comissão de Permanência
Quem avaliza cambial em branco, outorga mandato tácito para que o favorecido complete os claros, não podendo, "a posteriori", discutir a causa do título. Não é líquido o pedido de comissão de permanência sobre o valor do débito pela taxa mínima, sem indicar o percentual a ser cobrado, constituindo, assim, excesso de execução reconhecido na sentença (TA - PR - Ac. unân. da 2ª Câm. Cív., de 16-05-90 - Ap. 2.931/88 - Rel. Juiz Antonio Gomes - Yoshihisa Marumo x Banco S/A.).
(COAD/ADV - Jurispr. - 1990, pág. 531)

Nota Promissória - Pagamentos Parciais - Correção Monetária
Desde que reconhecidos pelo credor, os pagamentos parciais feitos em dívidas de valor devem ser abatidos do total da dívida exeqüenda, prosseguindo a execução pelo saldo. Correta é a decisão que ordena a incidência da correção monetária nos indicados pagamentos parciais do débito, conforme a Lei 6.899, de 1981 (TA-PR - Ac. unân. da 2ª Câm. Cív., de 09-05-90 - Ap. 668/89 - Rel. Juiz Antonio Gomes - F. Barros S.A. x Adil da Silva Reis).
(COAD/ADV - Jurispr. - 1990, pág. 529)

Nota Promissória Condições da Execução
Para a validade da execução de Nota Promissória emitida pelo credor, faz-se necessária a Juntada aos autos da autorização do devedor, a teor da Súmula 6 deste Tribunal (TA - PR - Ac. unân. da 2ª Câm. de 09-05-90 - Ap. 1.127/89 - Rel. Juiz Antonio Gomes - Credicard S/A Administradora de Cartões de Crédito x Sinclair Portes da Rosa).
(COAD/ADV - Jurispr. - 1990, pág. 545)

Nota Promissória - Extravio de Título no Banco - Obrigação de Indenizar
Extraviando-se o título por culpa de prepostos de estabelecimento bancário, a que fora entregue para cobrança, tem esse a obrigação de indenizar, não estando adstrito o beneficiário a ajuizar ação para anular e substituir a promissória. Efetuando o pagamento, sub-roga-se o banco nos direitos do credor (STJ - Ac. unân. da 3ª T., publ. em 04-06-90 - RESP. 2.337 - SP - Rel. Min. Eduardo Ribeiro - Banco Itaú S/A x José Francisco Rio - Advs. Ana Lúcia de Souza Ferreira e Hélio Laudino).
(COAD/ADV - Jurispr. - 1990, pág. 464)

Nota Promissória - Contrato de Financiamento - Montante Superior ao Contrato
Não é nula cártula vinculada a contrato de financiamento com encargos pós-fixados, cujo montante seja superior ao débito do contrato no vencimento, garantia legítima e que pode ser levada a protesto (TA - RS - Ac. unân. da 5ª Câm. Cív., de 27-03-90 - Ap. 190.016.600 - Rel. Juiz Paulo Augusto - PECSUL - Pecuária Sulina Ltda x Banco Geral do Comércio S.A.).
(COAD/ADV - Jurispr. - 1990, pág. 401)

Nota Promissória - Comissão de Permanência - Multa Contratual Cumulada com Honorários
Admissível é a cobrança de comissão de permanência, uma vez avençada pelas partes - Súmula 596-STF - sem cumulação com a correção monetária. Cumulável é a multa contratual com os honorários - Súmula 616 STF - sendo os juros devidos como contratados. Inargüível o excesso de execução se não demonstrada qualquer das variantes do art. 743 do CPC. Não é exigível o extrato de conta corrente quando a execução teve origem em contrato de financiamento de capital, cujo valor mutuado foi creditado de uma só vez (TA-PR - Ac. unân. da 4ª Câm. Cível, publ. em 14-09-89 - Ap. 1.436/89 - Rel. Juiz Paula Xavier - Francisco da Rosa de Paula x Financiadora Bradesco S.A. Crédito, Financiamento e Investimentos).
(COAD/ADV - Jurispr. - 1990, - pág. 320)

Nota Promissória - Endosso Póstumo - Cessão Civil - "Causa Debendi"
O endosso póstumo em nota promissória tem o feito de cessão civil e ao endossatário podem ser oposta as exceções oponíveis ao endossador. Demonstrado que a cambial está vinculada a contrato de compra e venda de imóvel e que o endossante, em conluio com o endossatário seu sobrinho, pretende receber o título, sem, antes cumprir cláusula contratual que o obrigava a outorgar escritura definitiva do imóvel, julgam-se procedentes os embargos. Apelação provida (TA - PR - Ac. unan. da 1ª Câm. Civ., de 25-10-89 - Ap. 20/89 - Rel. Juiz Accaccio Cambi - José Maria Ferreira de Rezende x Nabil Salle Assaf).
(COAD/ADV - Jurispr. - 1990, pág. 249).

Nota Promissória - Emissão em Branco - Procuração Tácita ao Portador
Pacífico o entendimento de que a cártula emitida em branco pode ser preenchida pelo credor até o momento da execução, possuindo este mandato tácito para tanto, não implicando descaracterização do título a alegação, não comprovada pelo devedor, de que fora aquele preenchido de maneira indevida (TA-MG - Ac. da 1ª Câm. Civ. publ. em 28-03-90 - Ap. 44.585 - Rel. Juiz Antônio Hélio - Banco Rural S.A. x Bolívar Bagno Ltda.).
(COAD/ADV - Jurispr. - 1990, pág. 232)

Nota Promissória - Anulação - Vício do Consentimento - Coação
É anulável o título de crédito obtido por coação exercida por terceiros mandatários do credor, consistente em grave ameaça, ainda que não explícita. A nota promissória, que traduz uma promessa de pagamento e contém uma obrigação, exige para sua validade intrínseca os requisitos de todos os atos jurídicos, e se sujeita às hipóteses de anulabilidade para eles previstas no art. 147, II, do Cód. Civ. Meio ilícito de captação da vontade, a coação vicia o ato e conseqüentemente o invalida, conduzindo à inexigibilidade da obrigação decorrente (TJ - RJ - Ac. unân. da 3ª Câm. Civ., reg. em 08-11-89 - Ap. 5.139/88 - Rel. Des. Alberto Garcia - Idilberto Gomes x César Antônio Cardoso Lima).
(COAD/ADV - Jurispr. - 1990, pág. 137)

Nota Promissória - Data de Vencimento - Direito de Regresso Contra Avalista
Cambial sem data de vencimento é considerada como pagável à vista. Não apresentada no prazo de doze meses, perde o portador direito de regresso contra os avalistas (TA - RS - Ac. unân. da 6ª Câm. Cív., de 16-11-89 - Ap. 189.095.417 - Rel. Juiz João Selistre - Edson Missau x Banco Itaú de Investimentos S.A.)
(COAD/ADV - Jurispr. - 1990, pág. 217)

Nota Promissória - Prova do Pagamento
A prova do pagamento de nota promissória, estando o título em poder do credor, deve ser feita mediante a exibição da quitação firmada por escrito do próprio credor ou de quem de direito o represente (TJ - MT - Ac. unân. da 2ª Câm. Civ., de 08-08-89 - Ap. 12.133 - Rel. Des. José Silvério - Roldão Soares Gusmão x Mediocy Borges Júnior).
(COAD/ADV - Jurispr. - 1990, pág. 121)

Nota Promissória - Protesto-Execução - Multa Contratual e Honorários Advocatícios
Desnecessário é o protesto por falta de pagamento da nota promissória, para o exercício do direito de ação do credor contra o seu subscritor e respectivo avalista. Com a inserção da Lei Uniforme Relativa às Letras de Câmbio e Notas Promissórias no direito brasileiro, pouco restou vigente da Lei Cambial de 1908. São acumuláveis a multa contratual e os honorários advocatícios (STJ - Ac. unân. da 4ª T., publ. em 06.08.90 - RESP 2.999 SC - Rel. Min Fontes de Alencar - Haroldo Germer x Sinal S/A - Sociedade Nacional de Crédito, Financiamento e Investimentos Advs. Nardim Darcy Lenke e Ingo Scharf).
(COAD/ADV - Jurispr. - 1990, pág. 593)

Nota Promissória. Protesto - Desnecessário
O protesto cambiário para legitimar a execução é apenas exigido em relação aos coobrigados de regresso. Relativamente à cobrança direta de emitente da nota promissória, ou de seus avalistas, não prevalece tal exigência (TACív.-RJ - Ac. unân. da 3ª Câm., reg. em 18-10-90 - Ap. 1.663/90 - Rel. Juiz Gabriel da Fonseca - Evaldo Antonio da Silva x Alberto Ferreira Coimbra).
(COAD/ADV - Jurispr. - 1990, pág. 722)

Nota Promissória - Omissão do Nome do Beneficiário - Nulidade
Nula é a execução embasada em nota promissória que não contenha o nome do beneficiário no local apropriado para preenchimento, não se permitindo a simples indicação impressa fora do campo adequado, mormente em se tratando de sigla de fantasia comum a várias pessoas jurídicas (TA-MG - Ac. unân. da 4ª Câm. Civ., publ. em 23-11-90 - Ap. 46.114-4 - Rel. Juiz Enéas Allevato - Júlio Cesar de Araújo Perillo x Banco do Estado de Minas Gerais S/A).
(COAD/ADV - Jurispr. - 1990, pág. 818)

Nota Promissória - Título Vinculado a Contrato - Transmissões por Via de Endosso
A vinculação da nota promissória a contrato não impede a sua circulação por endosso. Assim, operada a transmissão por essa via, a nota promissória adquire autonomia, de maneira que a sua cobrança pode ser feita independentemente do contrato a que estava ligada (TA-

PR - Ac. unân. da 3ª Câm. Cív., publ. em 01-08-90 - Ap. 870/90 - Rel. Juiz Tadeu Costa - Osvaldo Angelis x Juarez Wieck).
(COAD/ADV - Jurispr. - 1990, pág. 754)

Nota Promissória - vinculação a Contrato - Autonomia de Cártula
A doutrina se assentou em que a autonomia da nota promissória não se abala pelo fato de estar presa a contrato. Assim, não se teria inexecutável a cambial ao argumento de que esta esteja presa a contrato de abertura de crédito, eis que também o entendimento pretoriano realça a sua autonomia e executoriedade, ostentando sua eficácia no direito material que a regula quanto à sua constituição e formalidades extrínsecas (STJ - Ac. unân. da 3ª T., publ. em 27-08-90 - RESP 3.257-RS - Rel. Min. Waldemar Zveiter - Molck Zamel x Fancred S/A, Crédito, Financiamento e Investimento - Advs. Paulo Waiberg e Carlos Alberto Santetti).
(COAD/ADV - Jurispr. - 1990, pág. 524)

Nota Promissória - Emissão por Mulher Casada
Com o advento do Estatuto da Mulher Casada - Lei 4.121, de 1962 - a mulher deixou de ser relativamente capaz e passou a ater plena capacidade para o exercício de todos os atos da vida civil. Assim, ela pode emitir nota promissória sem o consentimento do marido, pois, nos termos do art. 3º da citada lei, ela garante a dívida com seus bens particulares, ou os comuns até o limite da meação (1º TACiv.-SP - Ac. unân. da 8ª Câm., de 30-11-88 - Ap. 398.653/6 - Rel. Juiz Toledo Silva - Maria Abadia Domingos da Cunha x Sebastião Freitas Pires de Campos).
(COAD/ADV - Jurispr. - 1989, pág. 47)

Nota Promissória - Data Omissa - Ineficácia
A nota promissória destituída de data de emissão é ineficaz como título hábil a justificar o processo de cobrança pela via executiva, visto ser a formalidade elemento preponderante para a sua validade (TA-MG - Ac. da 4ª Câm. Civ., publ. em 07-12-89 - Ap. 42.228 - Rel. Juiz Cláudio Costa - Carlos Modesto dos Santos - Dorvírio Inácio da Silva).
(COAD/ADV - Jurispr. - 1990, pág. 09)

Nota Promissória - Omissão de Vencimento - Correção Monetária "Dies a Quo"
Se a letra não contiver, no contexto, a época de vencimento, é considerada à vista e vence-se na sua apresentação ao sacado. O art. 77 da Lei Uniforme estipula a aplicabilidade às notas promissórias das disposições relativas às letras de câmbio e concernentes a vencimento. Não tendo sido comprovada a apresentação em data anterior, especialmente pelo protesto cambial, deve-se considerar, efetivamente, como data da apresentação a da citação (1º TACiv.- SP - Ac. unân. da 6ª Câm., de 20-06-89 - Al 422.480/0 - Rel. Juiz Carlos Gonçalves - Renato Cifali x Banco Nacional S/A).
(COAD/ADV - Jurispr. - 1989, pág. 581)

Nota promissória - Má Fé - Nulidade
Notas promissórias tomadas em branco, endossadas e obtidas de má fé, sem causa em negócio subjacente e abusivamente preenchidas, são nulas e nula é a execução por elas guarnecida (TA - RS - Ac. unân. da 2ª Câm. Civ., de 29-06-89 - Ap. 188.093.132 - Rel. Juiz Clarindo Favretto - Flavio Saraiva Martins x Celomar Klein Müller).
(COAD/ADV - Jurispr. - 1989, pág. 601)

Nota Promissória - Falta de Assinatura
Notas promissórias. A falta de assinatura descaracteriza-as. A assinatura não é substituída pela simples aposição das iniciais do alegado emitente, mormente incomprovado seu usual emprego nas obrigações negociais (TA - RS - Ac. unân. da 6ª Câm. Civ., de 11-05-89 - Ap. 189.029.358 - Rel. Juiz Ruy Gessinger - Karina Granjas e Aviários Ltda. x José Antônio Valle dos Reis).
(COAD/ADV - Jurispr. - 1989 - pág. 649).

Nota Promissória - Má Fé - Nulidade
Notas Promissórias tomadas em branco, endossadas e obtidas de má-fé, sem causa em negócio subjacente e abusivamente preenchidas, são nulas e nula é a execução por elas guarnecida. Recurso provido (Ta-RS - Ac. unân. da 2ª Câm. Civ., de 29-06-89 - Ap. 188.093.132 - Rel. Juiz Clarindo Favretto - Flávio Saraiva Martins x Espólio de Nelson Nogueira).
(COAD/ADV - Jurispr. - 1989, pág. 582)

Nota Promissória - Emissão "Pro Solvendo"
Depende da interpretação do negócio subjacente saber se a nota promissória exerce função de prestação "pro solvendo" ou "pro soluto". Em princípio, nos contratos de compra e venda - salvo convenção expressa em contrário - as cambiais são dadas pelo adquirente ao alienante como instrumento para o pagamento do preço ajustado e, portanto, em caráter "pro solvendo"(TJ - RS - Ac. unân. da 2ª Câm. Civ., de 01-03-89 - Al 588.073.916 - Rel. Des. Manoel dos Santos - Brasilino Teixeira Ramos x Nair Barcellos Rodrigues).
(COAD/ADV - Jurispr. - 1989, pág. 505)

Nota Promissória - Emissão por Mandatário - Validade
O fato do devedor designar um preposto da empresa financeira como seu mandatário, para emissão de cambial, onde está expresso o valor do débito em condições estipuladas pelos contratantes, não dá ensejo à declaração de ilicitude do negócio (TACív. - RJ - Ac. unân. da 5ª Câm., reg. em 12-04-89 - Ap. 86.300 - Rel. Juiz Geraldo Batista - Presta Administradora de Cartão de Crédito Ltda x Glória Tupyra Ferraz Ferreira).
(COAD/AADV - Jurispr. - 1989, pág. 393)

Nota Promissória - Vinculação a Contrato de Mútuo - Eficácia Executória
A execução funda-se no contrato de mútuo e na nota promissória, ambos os títulos representativos da mesma obrigação, tanto em relação ao principal como no que concerne aos acréscimos ajustados. A vinculação da cártula ao contrato não afeta sua eficácia executória e não elide a presunção da liquidez, certeza e exigibilidade inerente à literalidade e autonomia da cambial (1.º TACiv.-SP - Ac. unân. da 4ª Câm., de 24-05-89 - Al 414.088/1 - Rel. Juiz Amauri Lelo- Banespa S/A, Crédito, Financiamento e Investimento x Cícero Lucio da Silva).
(COAD/ADV - Jurispr. - 1989, pág. 504)

Nota Promissória - Vinculação a Contrato
Promissória emitida como garantia do cumprimento do contrato vincula-se a ele e perde a autonomia, sendo incensurável a sustação de seu protesto enquanto se discute o cumprimento do contrato (TJ-RJ - Ac. unâm. da 3ª Câm. Civ., reg. em 26-12-88 - AI 1.127/88 - Rel. Des.Ferreira Pinto - BMG Financeira S.A. Crédito, Financiamento e Investimento

x Presmic Turismo Ltda).
(COAD/ADV - Jurispr. - 1989, pág. 346)

Nota Promissória - Forma do Título - Importância
Além das características gerais que defluem de sua qualidade de título de crédito - literalidade, autonomia e cartularidade - a letra de câmbio tem, ainda, uma caracterísitica peculiar, tão importante como os anteriores, que é a formalidade de que deve revestir-se e que também se indica com a expressão "rigor cambiário". Com efeito, a forma do título é importantíssima e, assim, a lei que seja ela constituída de requisitos essenciais, de forma sacramental.
Sendo documento formal, sua validade depende de nela existirem certos requisitos intrínsecos e extrínsicos; estes são os que a lei cambiária indica para formalizar a validade do título. Dentre os requisitos extrínsicos da letra estão o nome da pessoa que deve pagá-la e o nome da pessoa a quem deve ser paga (1º TACiv.-SP - Ac. unân. da 2ª Câm., de 20-03-89 - Ap. 402.689-7 - Rel. Juiz Barreto de Moura - Antônio Carlos Lemos da Silva x Financiadora Bradesco S.A.-Crédito, Financiamento e Investimento).
(COAD/ADV - Jurispr. - 1989, pág. 441)

Nota promissória - Vinculação a Contrato
O fato da nota promissória estar vinculada a contrato de financiamento ou mútuo bancário não a descaracteriza como título executivo, pois fica mantida a autonomia cambiária. A conseqüência da vinculação de título a contrato é a possibilidade de ser suscitada pelos obrigados exceção referente ao inadimplemento do ajuste pelo exeqüente. E eventual divergência nos valores do título e do contrato não conduz à liqüidez e incerteza, pois o valor da dívida é aferível por simples cálculo aritmético. O contrato, tendo em conta a observância das formalidades legais, é título executivo extrajudicial, inteiramente amoldado ao disposto no art. 585, II, do CPC. A cambial exigida pelo credor para propiciar maior facilidade no recebimento do crédito fornecido nada teve de irregular. Não caracteriza caução, pois não foi criada para garantir a outra obrigação, mas para representar a mesma obrigação contraída no contrato ao qual está vinculada. O mútuo é causa substancial do contrato e da cambial. Ambos representam a mesma obrigação, apoiada em dois títulos executivos extrajudiciais, derivados do mesmo negócio jurídico (1º TACiv.-SP - Ac. unân. da 2ª Câm. Esp., de 20-12-88 - App. 396.991/

3 - Rel. Juiz Scarance Fernandes - Rádio Cidade AM de Votuporanga x Banco Real S.A.).
(COAD/ADV - Jurispr. - 1989, pág. 105)

Nota Promissória - Vinculação a Contrato de Financiamento - Autonomia
O fato da nota promissória estar vinculada a contrato de financiamento ou mútuo bancário não a descaracteriza como título executivo, pois fica mantida a autonomia cambiária. A conseqüência da vinculação de título a contrato é a possibilidade de ser suscitada pelos obrigados exceção referente ao inadimplemento do ajuste pelo exeqüente. E eventual divergência nos valores do título e do contrato não conduz à iliquidez e incerteza, pois o valor da dívida é aferível por simples cálculo aritmético (1º TACiv.-SP - Ac. unân. da 2ª Câm., de 09/02/89 - Ap. 402.464/0 - Rel.Juiz Scarance Fernandes - Luis Alberto Grassi x Bamerindus S/A, Financiamento, Crédito e Investimento).
(COAD/ADV - Jurispr. - 1989, pág. 233)

Nota Promissória - Contrato de Financiamento - Comissão de Permanência e Correção Monetária
Induvidosamente, é admissível a cumulação da comissão de permanência e da correção monetária, sem que, com isso, haja violação ao princípio do "non bis in idem", posto que se cuida de instrumentos diversos, com objetivos e campos de incidência distintos. Enquanto a comissão de permanência foi instituída como remuneração de operação e serviços bancários e financeiros, com apoio nos arts. 4º e 9º da Lei 4.595, de 1964, e Resolução 1.129/86, do Banco Central, a correção monetária é voltada para a recuperação do poder aquisitivo da moeda, corroído pela inflação, com o objetivo específico de atualizar o valor intrínseco da prestação reclamada, sendo admitida pela Lei 6.899, de 1981 (TJ-BA -AC. unân. da 4ª Câm. Civ., de 19-04-89 - Ap. 909/88 - Rel.Des. Robério Braga - Frigorífico Matos Ltda. x Bradesco - Banco Brasileiro de Descontos S.A).
(COAD/ADV - Jurispr. - 1989, pág. 457)

Nota Promissória - Vinculação a Contrato
A nota promissória encerra por sua natureza um direito abstrato. Assim sendo, o título se desprende da causa que lhe deu origem e por tal razão pode, vencido e não pago, o portador executar o eminente

baseado só no título. A vinculação, no caso, foi a um empréstimo bancário simples e a cambial reflete o valor do mútuo. No caso, não há que se falar em contrato de abertura de crédito, contrato tipo, que difere do que foi pactuado. Ainda que neste valor estejam embutidos os custos financeiros do mútuo, isto não ilide a exigibilidade do título de crédito. Não está consignado o abuso na cobrança dos juros bancários, tal como previsto no contrato, porque aí engloba a correção monetária e os demais encargos do empréstimo, inclusive o tributário. Os acréscimos da inadimplência foram os contratados e entre eles não figura a comissão de permanência, por isto esta não pode ser exigida (TA-PR - Ac. unân. da 2ª Câm. Civ., publ. em 07-12-88 - Ap. 1.416/88 - Rel. Juiz Gilney Leal - Arcenio Iaquinto Filho x Banco Noroeste S.A.).
(COAD/ADV - Jurispr. - 1989, pág. 56)

Nota promissória - Emissão por Mandatário
Exeqüível é a nota promissória emitida por pessoa jurídica em nome do mutuário, em razão de contrato firmado por este e a sociedade financeira (TACiv.-RJ - Ac. unân. da 5ª Câm., reg. em 27-10-88 - Ap. 79.606 - Rel. Juiz Antonio Montenegro - Unibanco -União de Bancos Brasileiros S/A x Núbia Novaes Caiazeira).
(Coad/ADV - Jurispr. - 1989, pág. 56)

Nota Promissória - Preenchimento "A posteriori"- Validade.
É válida a nota promissória emitida com espaços em branco, completada posteriormente, se incomprovado que a mesma tenha sido adquirida de má-fé (TA Civ. - RJ - Ac. unân. da 7ª Câm. reg. em 9/9/87 - Ap. 60.510 - Rel. Juiz Carlos Antônio dos Santos - W. G. e Filhos, Comércio, Indústria e Representação Ltda. x José Alberto Fernandes).
(ADCOAS - Jurispr. - 1988, pág. 38)

Nota promissória - Irregularidade no Preenchimento - Irrelevância
Irregularidades no preenchimento de notas promissórias, com menção errada do CGC e omissão, em uma delas, da expressão Ltda. são meras irregularidades que não desnaturalizam os títulos e que nenhuma dúvida acarretam com respeito à titularidade do crédito. Sendo a nota promissória título abstrato, não tem o exeqüente que indicar a causa debendi (TA Civ. - RJ - Ac. unân. da 4ª Câm. reg. em 02-03-88 - Ap. 67.114 - Rel. Juiz Carlos Ferrari - Gersil Modas Ltda x Lezard Couro

Design Confecções Ltda).
(ADCOAS - Jurisprudência - 1988, pág. 182)

Nota promissória - mora - correção monetária - fluência
Não sendo a nota promissória portadora de vício substancial, inexiste nulidade a declarar. Não tendo sido ela, entretanto, levada a protesto, a mora e a correção monetária só começam a fluir da citação (TJ-ES - Ac. unân. da 1ª Câm. Cív. julg. em 02.02.88 - Ap. 15.725 - Itapemirim - Rel. Des. Renato de Mattos - Ronaldo Marques Ribeiro x Amilar Menezes - Advs. Maurício dos Santos Galante e Esmeraldo Teixeira Mello).
(ADCOAS - Jurispr. - 1988, pág. 266).

Nota promissória - Dívida Exigível
A nota promissória é título executivo e representa a certeza e liquidez da dívida, que se torna exigível com o vencimento. A circunstância de haver sido emitida para solver dívida de negócio, com declaração de quitação na respectiva escritura, não elide a sua exigibilidade. Não há cerceamento de provas, quando ainda, que o título executivo comporte discussão sobre a sua causa, o próprio devedor, nos embargos, pediu o julgamento antecipado da lide, contentando-se com a afirmação da escritura de compra e venda que o preço for pago no ato (STJ - Ac. unân. da 3ª T., publ. em 19-08-91 - RESP 10.677 - CE - Rel. Min. Dias Trindade - Francisco Deusdedit de Melo x Francisco Paz Aragão - Advs. Paulo Roberto Pinheiro Sales e Ana Cláudia de Morais).
(COAD/ADV - Jurispr. - 1991, pág. 729)

Cheque

Cheque furtado - Registro policial - Contra-ordem
Cheque furtado ou extraviado - Registro policial e Contra-ordem.
Posterior aponte do cheque a protesto, sustado mediante liminar. Recebimento do cheque através de motorista de táxi "folguista", não perfeitamente identificado e em lugar ignorado, possivelmente em São Paulo. Valor correspondente a três dias de trabalho. Boa fé afastada. Anulação possível. Inexigibilidade do cheque.
Recurso provido.

DECISÃO: DADO PROVIMENTO. UNÂNIME.
APELAÇÃO CÍVEL N° 194179743
4ª CÂMARA CÍVEL
MOACIR LEOPOLDO KAESER - Relator
20/10/94
TARGS/JUR/AC

Cheque - Endossatário - Boa fé - Promessa de Compra e Venda
Cheque passado em pagamento de sinal de promessa de compra e venda dita desfeita. Inoponibilidade, em princípio, das exceções de que dispõe o devedor, frente ao endossatário de boa fé, insuficiência de provas quanto às alegações do emitente.
Recurso improvido.

DECISÃO: NEGADO PROVIMENTO. UNÂNIME.
APELAÇÃO CÍVEL N° 194075123
2ª CÂMARA CÍVEL
GERALDO CESAR FREGAPANI - Relator
27/10/94
TARGS/JUR/B

Falsidade/assinatura - Ônus da prova - Preparo - Perícia
Cheque
Assinatura falsa. Ônus da prova.
A responsabilidade pelo preparo da prova pericial é do detentor do documento. Aplicação do princípio contido no art. 389 CPrCv.
Sentença desconstituída.
DECISÃO: DADO PROVIMENTO PARCIAL. UNÂNIME.
APELAÇÃO CÍVEL Nº 194187787
9ª CÂMARA CÍVEL
BRENO MOREIRA MUSSI - Relator
22/11/94
TARGS/JUR/AC

Bem de família - Litigância de má fé - Título líquido e certo
Penhora - Impenhorabilidade
(...)
Cheque - título líquido e certo que vale por si só, independe da causa debendi.
Negócio subjacente - confirmado.
(...)
DECISÃO: DADO PROVIMENTO PARCIAL. UNÂNIME.
APELAÇÃO CÍVEL Nº 195010699
1ª CÂMARA CÍVEL
MARIA ISABEL BROGGINI - Relatora
07/03/95
TARGS/JUR/AC

Título executivo - Município
Embargos à execução. Cheque. Desconstituição. Prova insuficiente. Reexame necessário.
O Município embargante não logrou fazer prova suficiente para desconstituir o título que preenche os requisitos que lhe garantem a força executiva.
Embargos improcedentes.
Sentença mantida em reexame necessário.
DECISÃO: CONFIRMARAM A SENTENÇA. UNÂNIME.
REEXAME NECESSÁRIO Nº 195004486

5ª CÂMARA CÍVEL
JASSON AYRES TORRES - Relator
23/02/95
TARGS/JUR/F

Cheque - Embargos à execução - Contra-ordem - Oposição
Embargos à execução. Cheque. Legitimidade. Distinção entre oposição e contra ordem.
Apelação provida.

DECISÃO: DADO PROVIMENTO. UNÂNIME.
APELAÇÃO CÍVEL Nº 195001433
7ª CÂMARA CÍVEL
ANTÔNIO JANYR DALL'AGNOL JUNIOR - Relator
15/02/95
TARGS/JUR/AC

Ônus da prova - Enriquecimento Ilícito
Cheque prescrito. Para procedência da ação por enriquecimento injustificado incumbe ao autor comprovar o efetivo locupletamento da contraparte. Sentença mantida.

DECISÃO: NEGADO PROVIMENTO. UNÂNIME.
APELAÇÃO CÍVEL Nº 194080305
2ª CÂMARA DE FÉRIAS CÍVEL
GERALDO CESAR FREGAPANI - Relator
15/12/94
TARGS/JUR/AC

Título extrajudicial - Despesas médico-hospitalares
Execução de título de crédito extrajudicial: cheque. Serviços médico-hospitalares. Legalidade da cobrança. É legal a emissão de cheque representativo de despesas médico-hospitalares, pela internação de paciente em acomodação superior aquela assegurada pela previdência social estatal. Inexistência de coação na respectiva emissão do título. Cheque dado em pagamento da dívida, e não como caução, haja vista a data de sua emissão. Improcedência dos embargos. Apelo improvido.
DECISÃO: NEGADO PROVIMENTO. UNÂNIME.

APELAÇÃO CÍVEL Nº 194234308
3ª CÂMARA CÍVEL
LUIZ OTÁVIO MAZERON COIMBRA - Relator
15/02/95
TARGS/JUR/B

Promessa de compra e venda. Caderneta de poupança.
Plano Brasil Novo - Estabelecimento bancário - Resolução
Promessa de compra e venda. Resolução.
Pagamento do preço. Pago o valor do imóvel, por meio de cheque, e verificada a impossibibilidade do resgate porque o banco (e não o emitente) não dispunha do dinheiro e optando em abrir caderneta de poupança cujos recursos foram bloqueados pelo Plano Collor, nenhuma culpa cabe à compromissária no sentido de não ter honrado o pagamento.
Apelo improvido.

DECISÃO: NEGADO PROVIMENTO. UNÂNIME.
APELAÇÃO CÍVEL Nº 194250569
8ª CÂMARA CÍVEL
CLÁUDIO CALDEIRA ANTUNES - Relator
14/02/95
TARGS/JUR/AC

Ação declaratória de inexistência de débito
Ônus da prova - Serviço de Proteção ao Crédito
Declaratória de inexistência de débito.
Cheque nominal como prova de pagamento. Ônus da prova em contrário.
Registro do devedor no Serviço de Proteção ao Crédito. Ausência de prova da abusividade e do dano.
Apelos não providos. Unânime.

DECISÃO: NEGADO PROVIMENTO AOS APELOS. UNÂNIME.
APELAÇÃO CÍVEL Nº 194215638
9ª CÂMARA CÍVEL
ANTONIO GUILHERME TANGER JARDIM - Relator
20/12/94
TARGS/JUR/R

Cumulação: Títulos
Cabível a dupla de débito através da emissão de dois títulos de crédito.
Primeiro apelo provido e o segundo recurso não conhecido.

DECISÃO: DADO PROVIMENTO AO PRIMEIRO APELO E NÃO CONHECERAM DO SEGUNDO, POR INTEMPESTIVO. UNÂNIME.
APELAÇÃO CÍVEL Nº 194235032
8ª CÂMARA CÍVEL
MARIA BERENICE DIAS - Relatora
20/12/94
TARGS/JUR/F

Cheque ao portador
- Endosso.
Endosso.
Endosso em branco transformou o cheque em ao portador. Apelo improvido.

DECISÃO: NEGADO PROVIMENTO. UNÂNIME.
APELAÇÃO CÍVEL Nº 194204822
8ª CÂMARA CÍVEL
MARIA BERENICE DIAS - Relatora
13/12/94
TARGS/JUR/F

Busca e apreensão - Arrematação
Busca e apreensão. Documentos emitidos em razão de arrematação anulada, em execução extinta por irregularidades graves.
Correta se mostra a sentença que defere a busca e apreensão de cheques como sinal de arrematação, e declaração de dívida em favor de leiloeiro, se a arrematação foi anulada, e posteriormente também a execução. A alegação de falta de reconhecimento de firma no substabelecimento de procuração, assim também de falta de outorga uxória na prestação de caução, são irrelevantes, no último caso porque a ação foi julgada procedente, e no primeiro porque não se alegou falsidade de assinatura.
Apelação improvida.

DECISÃO: NEGADO PROVIMENTO. UNÂNIME.
APELAÇÃO CÍVEL Nº 194220802
1ª CÂMARA CÍVEL
JURACY VILELA DE SOUSA - Relator
TARGS/JUR/F
13/12/94

Dívida de jogo - Sanção civil - Terceiro de boa fé
Cheque emitido para pagamento de dívida de jogo. Inexigível implemento de obrigação natural. Ausente sanção civil, exceto em se tratando de terceiro de boa fé. Sentença mantida.

DECISÃO: NEGADO PROVIMENTO. UNÂNIME.
APELAÇÃO CÍVEL Nº 194057626
2ª CÂMARA CÍVEL
GERALDO CESAR FREGAPANI - Relator
15/12/94
TARGS/JUR/F

Cheque pós-datado
Embargos à execução - causa debendi - juiz
Assistência judiciária gratuita
Embargos à execução. Cheques. Preenchimentos posteriores. Cerceamento de defesa. Inocorrência.
Compete ao juiz velar pela rápida solução do litígio (art. 125, inc. II, do CPC). A ele é facultado pelo art. 130 do CPC determinar as provas necessárias à instrução.
No caso dos autos as provas pretendidas mostraram-se desnecessárias, à medida que a sentença indicou os motivos que formaram o convencimento.
Negócio subjacente.
A apelante agiu com liberalidade.
O negócio subjacente não fora realizado pela embargante, representando a dívida ser paga com cheque de terceiro.
Falta de legitimidade da parte para discutir as origens das obrigações cambiais.
Sobre as formalidades das cártulas nada tem a alegar.
(...)

DECISÃO: DADO PROVIMENTO PARCIAL. UNÂNIME.
APELAÇÃO CÍVEL Nº 194217105
5ª CÂMARA CÍVEL
JASSON AYRES TORRES - Relator
15/12/94
TARGS/JUR/AC

Embargos do devedor - Coação
Embargos à execução. Cheque.
Tendo o embargante demonstrado não ser devedor do embargado, emitindo o título exeqüendo sob coação, para evitar maculação em sua conduta profissional, impõe-se a procedência dos embargos. Apelação desprovida.

DECISÃO: NEGADO PROVIMENTO. UNÂNIME.
APELAÇÃO CÍVEL Nº 194208518
7ª CÂMARA CÍVEL
VICENTE BARRÔCO DE VASCONCELLOS - Relator
23/11/94
TARGS/JUR/AC

Cheque pré-datado - Exeqüibilidade
"Execução - cheque pré-datado. O fato de ser pré-datado o cheque não o descaracteriza como ordem de pagamento à vista, reputando-se não escrita qualquer cláusula em sentido contrário. Persiste, por isso, a sua exeqüibilidade. Apelação improvida." (Ac un da 8ª C Civ do TA PR - AC 46.239-7 - Rel. Juiz Rotol de Macedo - j 11.05.92 - Apte: Comércio de Madeiras Missal Ltda.; Apdo.: Miguel Maffini - DJ PR 05.06.92, p 33 - ementa oficial)
(IOB - nº 15/92 - pág. 341)

Cheque - Furto do Talonário
O cheque comprovadamente furtado em branco e preenchido com simples falsificação da assinatura descaracteriza a cambial, por falta de formalidade essencial. Recurso provido. (TJ - SC - Ac. unân. da 3ª Câm. Cív. públ. em 12-11-91- Ap. 37.318 - Rel. Des. Wilson Guarany - João Antônio da Costa x José Angelo Cambrussi).
(COAD/ADV - Jurispr. - 1992 - pág. 204)

Cheque - Conta Conjunta
Tratando-se o cheque de cambial, onde a literalidade é indispensável, só se pode responsabilizar quem o subscreveu, quem como emitente, como avalista ou endossador. Na conta corrente conjunta há solidariedade passiva do sacado, mas não necessariamente dos co-titulares. Não havendo suficiente provisão de fundos, responde pelo não pagamento apenas o correntista que subscreveu o cheque (TJSC - Ac. Unân. da 3ª Câm. Cív., publ. em 31-05-91 - Ap. 33.114 - Rel. Des. Amaral e Silva - Gicele Aparecida Wormsbecher de Oliveira x IAP S/A - Indústria de Fertilizantes).
(COAD/ADV - Jurispr. - 1991, pág. 492)

Cheque - Acesso ao talonário - Responsabilidade - Culpa Concorrente
Havendo as instâncias ordinárias admitido que o correntista contribuiu para o fato, na medida em que facilitou a empregada sua o acesso aos talonários, do que se valeu para falsificar os cheques, a responsabilidade reparte-se entre ele e o banco. Este deverá indenizar metade do prejuízo (STJ - Ac. unân. da 3ª T., publ. em 08-04-91 - RESP 7.246 - RJ - Rel. Min. Eduardo Ribeiro - Banco Bradesco S/A x E.L.M. Madeiras Ltda. - Adv. Guilherme Dauer Filho e Leopoldo Peres).
(COAD/ADV - Jurispr. - 1991, pag. 412)

Cheque - Conta-conjunta - Ilegitimidade do Não emitente - Título nominativo
A conta-corrente conjunta não legitima passivamente para a execução o correntista que não emitiu o respectivo cheque. Tratando-se de cheque nominal, o pagamento só pode ser feito ao beneficiário designado ou ao endossatário deste, o que acarreta a ilegitimidade ativa de terceiro exeqüente que de tais qualidades não se reveste. Cumpria ao beneficiário endossar dito cheque ao ora exeqüente para legitimá-lo à respectiva cobrança, o que "in casu" inexistiu. O simples fato de ter a beneficiária declarado que os valores dos tais cheques acabaram sendo pagos pelo exeqüente não é suficiente para preencher aquele requisito cambiário. Aos efeitos da execução, portanto, não estava o autor dela legitimado. Poderá, como ele próprio alvitra, vir em tese a reclamar seu crédito em ação ordinária (TA - RS - Ac. unân. da 4ª Câm., Civ., de 11-04-91 - Ap. 191.603 - Rel. Juiz Jauro Gehlen - Renato da Rosa Marques e Cia Ltda x Henrique Horn).
(COAD/ADV - Jurispr. - 1991, pág. 380).

Cheque - prazo prescricional
Considera-se prescrito o cheque no prazo de seis meses a contar da citação do emitente executado, desaparecendo, ante a inércia da parte em providenciá-la, a interrupção do prazo decorrente do despacho que ordenou a providência. Por outro lado, inviabiliza o reconhecimento da prescrição intercorrente a omissão do cartório que deixa de cumprir determinação judicial que lhe competia (TA - PR - Ac. unân. da 2ª Câm. Cív., de 22-05-91 - Ap. 35.031-4 - Rel. Juiz Irlan Arco Verde - Scherer Pereira & Cia Ltda x Jhasin Chamsa Nacin).
(COAD/ADV - Jurispr. - 1991, pág. 667).

Compra e venda mercantil - cheque pré-datado - apresentação antes da data - encerramento da conta do emitente
Compra e venda de eletrodoméstico em promoção amplamente divulgada pelo fabricante e pela vendedora, em conhecida e usual técnica de "marketing". Comprador que aderiu às condições anunciadas e assim manifestou a vontade negocial. Mercadoria vendida e entregue contra o recebimento de cheque pré-datado para a data do pagamento constante do anúncio e vinculado expressamente à campanha, tudo rigorosamente de acordo com as condições oferecidas. Vendedor que desrespeita o pactuado, apresentando e reapresentando o cheque ao Banco sacado antes da data combinada, com isso acarretando o encerramento da conta bancária da parte emitente. Efeito danoso imediato no terrreno do crédito e do conceito pessoal do emitente, caso em que se torna inequívoca a responsabilidade da vendedora, de reparar o prejuízo causado, competindo ao julgador arbitrar o valor da indenização, segundo a sua prudência (TJ - RJ - Ac. unân. da 7ª Câm. Cív., reg. em 11/06/91 - Ap. 238/91 - Rel. Des. Laerson Mauro - Globex Utilidades S/A x João Paulo Demétrio da Silva).
(COAD/ADV - Jurispr. - 1991 - pág. 747).

Novação - Pagamento originariamente previsto em duas parcelas - cheque pré-datado
Para a configuração da novação, a doutrina reclama a existência jurídica de uma obrigação -"obligatio novanda" a constituição de nova obrigação - "aliquid novi" e o "aninus novandi". Não se dá novação quando o negócio, diversamente do consignado, realizando-se de outro modo, por conveniência das partes, previu originariamente o pagamento em duas parcelas, a segunda das quais mediante cheque pré-datado. O

recurso especial não se mostra hábil ao exame de cláusula contratual e ao reexame da prova, em face da conclusão da instância ordinária de que o pagamento se fez "pro solvendo" (STJ - Ac. unân. da 4ª T., publ. em 04-02-91 - RESP 4.292 - SP - Rel. Min. Sálvio de Figueiredo - Sonia Maria Fiuza x Mário Burger - Advs. Maria Ângela O. de Castilho Marins e José Aparecido Cunha Barbosa).
(COAD/ADV - Jurispr. - 1991, pág. 489)

Cheque - preenchimento abusivo - ação de enriquecimento
A exceção de abuso no preenchimento do cheque só pode ser oposta contra aquele a quem tenha sido ele entregue originariamente incompleto. Presume-se que o preenchimento se faça de conformidade com os acordos realizados, isto é, que o cheque valha pela literalidade do que nele se contém. E a obrigação do emitente é nessa extensão para o portador de boa-fé. O que significa que ao sacado compete pagar o cheque assim apresentado. O ônus da prova em contrário cabe ao obrigado, asim mesmo em relação a quem tenha abusado no preechimento do cheque ou o tenha adquirido de má-fé ou com falta grave. Cumpre, também, ressaltar, que a ação de enriquecimento à custa alheia tem alicerce ético e objetiva impedir, por isso mesmo, que o portador sem ação cambiária venha a empobrecer, enquanto, de outro lado, o emitente do título estaria a se enriquecer injustamente. A posse do título com o portador indica o não recebimento do seu correspondente valor e faz presumir o prejuízo sofrido pelo legítimo portador (1ª TACiv. - SP - Ac. unân. da 3ª Câm., reg. em 10-01-91 - Ap. 414.718/4 - Rel. Juiz Antonio de Pádua - Nara Maria Bosque Vieira x Rene Lacerda).
(COAD/ADV - Jurispr. - 1991, pág. 108).

Cheque - título furtado - ação anulatória
Em princípio o entendimento é o de que o cheque é irretratável, isto é, o emitente não tem a faculdade de dar contra-ordem de pagamento - ou de, por outra forma, empecer-lhe a cobrança, porque semelhante faculdade colide com o direito que a lei concede ao beneficiário, de ser pago pela provisão de fundos desde a data de sua emissão. Entretanto, o cheque é vulnerável também pela oposição, ao atalhamento de sua realização. E a oposição vem a ser uma medida temporária, que não põe termo à vida do cheque por si, mas se limita a impedir provisoriamente o seu pagamento, por causas determinadas e enquanto elas não se apuram. Alheia-se ao prazo de apresentação e não concerne apenas ao sacador,

podendo ser de iniciativa do portador, do beneficiário - quando essas figuras não coincidirem na mesma pessoa - ou de terceiro extra-relação. A Lei do Cheque estabelece que, mesmo durante o prazo de apresentação, o emitente e o portador legitimado podem fazer sustar o pagamento, manifestando, ao sacado, por escrito, oposição fundada em relevante razão de direito, não cabendo ao sacado julgar da relevância da razão ofertada pelo oponente. É correto que, em sede de EI 385.983, este subscritor, somando-se na ocasião - outubro/88 - ao dado da maioria, placitava o entendimento segundo o qual, "desapossado alguém de um cheque, em virtude de qualquer evento, o novo portador legitimado não está obrigado a restitui-lo, se não o adquiriu de má fé, observadas as normas de anulação e substiuição de títulos ao portador, nos casos de perda, extravio, furto, roubo ou apropriação indébita"Contudo, repensando o tormentoso problema dos assaltos, entende-se que se deva alterar a posição anteriormente assumida, precisamente porque o assaltante não é, de hábito, um delinqüente ocasional, mas pessoa que opera na urdidura do sucesso deliqüencial, prevendo, projetando, avaliando e, por fim, antevendo o êxito da empreitada criminosa que, de regra, apanha a vítima numa incontornável situação de surpresa, a qual, à ostensiva exibição de arma de fogo, tem reduzida a zero sua reação, já que, constrangedoramente, lhe é imposto um modo de agir vincado pelo aviltamento e acachapado pela humilhação. Ainda, como se tudo isso não bastasse, perpetra-se o assalto em conjunto de, no mínimo, duas a três pessoas, que, normalmente, à sorrelfa é que pilham suas vítimas. Dessarte, não haveria exagero algum em se incluir o perpetrado segundo o relato destes autos, como alvo de conchavo criminoso, assim posto na senda da premeditação. Ora, se se deve resguardar o possuidor de boa fé, que recebeu um cheque objeto de um assalto, porque não estender esse mesmo resguardo ao emitente que sacou o cheque, igualmente de boa fé, mas para pagamento de seus credores, não para incursões de assaltantes que, desviando a cártula de seu lícito e devido destino, imprime-lhe finalidade ensejada por seu subscritor, à custa de quem injustificadamente, acabam por ver-se enriquecidos. E não será com regras do Direito comum - esclareça-se que se irá solucionar questão específica, dsciplinada pelo Direito Cambiário, já que a Lei do Cheque é especial relativamente àquelas por isso, aplicando-se preferencialmente (1º TACiv. - SP - Ac. da 2ª Câm., reg. em 18-04-91 - Ap. 424.271-9 - Rel. Juiz Barreto de Moura - Marta Antonio dos Santos x Comércio de Frutas Araçatuba Ltda). (COAD/ADV - Jurispr. - 1991, pág. 348)

Cheque - Discussão sobre a "Causa Debendi"- Juros
A nova lei do cheque - Lei 7.357/85 - dispõe que o título contém uma ordem incondicional de pagar quantia determinada, somente admitindo a revogação ou sustação do pagamento na forma dos seus arts. 35 e 36. Não ocorrendo nenhuma dessas hipóteses, não há como possa o emitente cancelar ou desconstituir o cheque, porque não pode mais discutir a sua origem, a não ser que afetada por algum dos vícios de nulidade dos atos jurídicos em geral (1º TACiv. -SP - Ac. unân. da 2ª Câm., reg. em 18-04-91 - Ap. 411.947-3 Rel. Juiz Luiz Boselli - Antonio Geraldo Tallaci x Raul Martinelli).
(COAD/ADV - Jurispr. - 1991, pág. 379).

Cheque - "Causa Debendi"
Não é possível discutir a "causa debendi" do título de crédito quando ele se apresenta sem qualquer vício de forma, prevalecendo sua autonomia cambial (TA - PR - Ac. unân. da 2ª Câm. publ. em 28-09-90 - Ap.1.543/89 - Rel. Juiz Antonio Gomes - Elena Rogon x Laertes Maranhão).
(COAD/ADV - Jurispr. 1991, pág. 139).

Responsabilidade Civil - Banco - Depósito de cheque cruzado em conta de terceiro - Indenização - art. 45, § 3º, da Lei do cheque
Responde civilmente o banco que, por negligência, credita cheque cruzado em conta de terceiro, sem que do título conste ordem nesse sentido. Cabe ao estabelecimento ressarcir os danos decorrentes da falta de atenção de seus prepostos, no caso o valor dos cheques (TJ - SC - Ac. unân. da 3ª Câm. Civ., em 04-10-91 - Ap. 30.341 - Rel. Des. Amaral e Silva - Banco do Estado de Santa Catarina S/A x DIPOL Comércio e Representações Ltda).
(COAD/ADV - Jurispr. - 1991, pág. 777)

Cheque - Título cambiariforme - Literalidade
O cheque, posto que não seja um título de crédito próprio, se beneficia das regras cambiárias e, sendo ordem de pagamento à vista, a literalidade se mostra nele presente com maior intensidade, valendo, o que dele consta com abstração do direito emergente, só invocável, para informá-lo, em casos excepcionais, mediante robusta prova (TA - PR - Ac. unân. da 4ª Câm. Cív., de 30-05-90 - Ap. 1.303/90 - Rel. Juiz Moacir

Guimarães - Aparecida Franco Stephano x Osvaldo Antonio Mazer).
(COAD/ADV - Jurispr. 1990, pág. 595)

Cheque - Sanidade mental do emissor - Inexistência de má fé - Endosso
A aparente higidez mental do emitente do cheque torna eficaz o negócio jurídico, salvo se comprovada má-fé do contratante, o que todavia não alcança o endossatário, por ser terceiro na relação original (TA-MG - Ac. unân. da 2ª Câm. Civ., publ. em 11-08-90 - Ap. 30.369 - Rel. Juiz João Quintino - Clara Lúcia de Macedo Gomes Dias x Naftale Katz).
(COAD/ADV - Jurispr. - 1990, pág. 547)

Cheque - Habilitação de crédito em concordata - Prescrição
Prescreve em 06 meses contados do término do prazo de apresentação, nos termos do art. 59 da Lei 7.357, de 1985, a ação de execução do portador contra o emitente e seu avalista e endossantes e seus avalistas, ficando-lhes reservado, contudo na conformidade do art. 61 da mesma Lei, a ação de enriquecimento, no prazo de 2 anos, contado do dia em em que se consumar a primeira prescrição. No prazo da ação de enriquecimento, intacto, pois, o direito de habilitação (TJ - SC - Ac. unân. da 4ª Câm. Civ., de 26-04-90 - Ap. 28.911 - Rel. Des. João Schaefer - José Francisco Corrêa - ME - Farmácia São José x Alcides Carlin do Prado).
(COAD/ADV - Jurispr. - 1990, pág. 435)

Cheque - prazo prescricional
Quando exaurido o prazo legal de apresentação do cheque - 30 dias - passa a fluir o prazo extintivo de seis meses (1º TACiv. - SP - Ac. unân. da 4ª Câm., de 02-08-89 - Ap. 406.877/3 - Rel. Juiz Amauri Ielo - Serviço Autônomo de Águas e Esgoto de Barretos x Nilva Foleto Catalani).
(COAD/ADV - Jurispr. - 1990, pág. 43)

Banco - Pagamento de cheque sem fundos - Liberação indevida - Restituição
Se por falha na compensação, for creditado na conta do depositante valor correspondente ao depósito de cheque que não possuía fundos, verificada a falha, deve o e respectivo valor ser debitado. Já não havendo mais saldo suficiente na conta do depositante para cobrir o débito deve o mesmo restituir a quantia correspondente (TRF - 5ª R. - Ac. unân. da 1ª T., publ. em 18-06-90 - Ap. civ. 3.792 - CE - Rel. Juiz Francisco Falcão

- Valdizar Batista e Silva x Caixa Ecônomica Federal - CEF - Advs. Antônio Pinto de Oliveira Neto e Francisco das Chagas Antunes Marques).
(COAD/ADV - Jurispr. - 1990 - pág. 627)

Cheque - Ação executiva prescrita - Correção monetária
Cheque de ação executiva prescrita continua sendo cheque. Mas, se é movida outra ação - como a ação condenatória - a correção monetária é desde o ajuizamento (1º TACiv. - SP - Ac. unân. da 8ª Câm., reg. em 24-11-89 - Ap. 412.803-0 - Rel. Juiz Costa de Oliveira - Nagib Salim Haddad x José Damaceno Filho)
(COAD/ADV - Jurispr. - 1990, pág. 11)

Cheque - Conta encerrada - Ausência de fundos
O cheque é ordem de pagamento "pro soluto", que se traduz a título de pagamento. Se a quitação se fez mediante cheque sem provisão de fundos e de conta encerrada pelo Banco central, não se concluiu a operação de resgate da obrigação, inexistindo, por conseguinte, pagamento da dívida (TA-PR - Ac. Unân. da 2ª Câm. Cív., de 18-04-90 - Ap. 3.156/89 - Rel. Juiz Hildebrando Moro - Valdenir Medeiros x Fiat Financeira S/A).
(COAD/ADV - Jurispr. - 1990, pág. 659)

Cheque - Cruzamento em preto - Cancelamento - Culpa do banco
O cruzamento qualificado torna-se requisito essencial do cheque, sendo vedado seu cancelamento - art. 44, § 3º, Lei 7.357, de 1985. Se o favorecido cancela o cruzamento e um outro banqueiro acata a adulteração e tal fato traz prejuízo a terceiro, este tem ação de ressarcimento contra o banco, máxime quando se sabe que o estabelecimento obteve vantagem na operação ilícita - cancelamento falso - posto que caracterizada está a culpa do banco para inobservância do texto legal e participação na operação ilícita (TA - PR - Ac. unân. da 2ª Câm. Cív., publ. em 09-11-89 - Ap. 155/89 - Rel. Juiz Gilney Leal - José Franco da Cunha Leme x Banco Itaú S.A.)
(COAD/ADV - Jurispr. - 1990. pág. 107)

Cheque - Garantia de acerto de contas - Execução
A circunstância de terem os cheques executados sido emitidos para garantia de futuro acerto de contas, pelo que, restariam descaracte-

rizados, não tem fomento jurídico. Mesmo que os cheques tivessem sido emitidos para futura apresentação, tal fato não teria o condão de infirmar-lhes sua natureza jurídica de cheques, dotados e todas as características legais atribuídas a tal instrumento cambial, legalmente definido como ordem de pagamento à vista (1º TACiv. - SP - Ac. unân. da 5ª Câm., de 06-12-89 - Ap. 415.019-0 - Rel. Juiz Manoel de Queiroz - Sérgio Aparecido Marini x DICOSA - Distribuidora de Cosméticos S.A.)
(COAD/ADV - Jurispr. - 1990, pág. 187)

Banco - Compensação de cheques - responsabilidade
Comprovada, via exame pericial, a irregularidade na compensação de cheques, tem-se como definida a responsabilidade do Banco envolvido na operação. Não logrando o agravante descaracterizar tal responsabilidade, por si só suficiente para a conclusão a que chegou o acórdão recorrido, não há como acolher-se o recurso a teor no disposto no verbete 283 do STF (STJ - Ac. unân. da 3ª T., publ. em 30-04-90 - AG-AI 2.411 - PR - Rel. Min. Waldemar Zveiter - Banco BRADESCO S/A x Banco de Crédito Real de Minas Gerais S/A - Advs Tomaz Antônio Mário Dias R. de Santana e Assis Correa).
(COAD/ADV - Jurispr. - 1990, pág. 339)

Cheque - Juros Onzenários
A agiotagem capaz de descaracterizar o título de dívida líquida certa deve ser robustamente comprovada nos embargos do devedor (TA-PR - Ac.unân. da 2ª Câm. Cív., de 09-05-90 - Ap. 2.250/88 - Rel. Juiz Antonio Gomes - Maria da Conceição dos Santos Weigert x Marcio Fernandes Cortelini).
(COAD/ADV - Jurispr. - 1990, pág. 531)

Cheque - Prova Elisiva da Liquidez
Para elidir a presunção de liquidez e certeza que emana de cheques, há que produzir o seu emitente prova robusta, sob pena de prosseguir a execução (TA-RS - Ac. unân. da 5ª Câm. Cív., de 20-03.90 - Ap. 190.016.410 - Rel. Juiz Ramon Von Berg - Silvasul - Comércio de Calçados e Confecções do Sul Ltda x Cobrança Justo Ltda).
(COAD/ADV - Jurispr. - 1990, pág. 419)

Cheque - Garantia de Dívida
Ainda que dado em garantia de negócio, não perde o cheque a cambiaridade, nem a conseqüente executividade (TA-PR - Ac. unân. da 3ª Câm. Cív. de 08-05-90 - Ap. 982/90 - Rel. Juiz Tadeu Costa - Edson Antônio Batista Santos X Mário do Amaral Fogassa).
(COAD/ADV - Jurispr. - 1990, pág. 563).

Cheque - pré-datação - beneficiário inidentificado
Cheque ao portador é figura de tradicional existência no direito cambiário brasileiro, haja vista o que dispõe o art. 8º, III, da Lei 7.357, de 1985. O nome do beneficiário não constitui requisito essencial à materialidade do instrumento. A mesma lei acabou de vez com a celeuma que se levantava em razão dos cheques pré-datados, ou anotação de prazo para apresentação. Cheque é ordem de pagamento sempre à vista, considerando-se insubisistente qualquer menção em contrário (TA-MG - Ac. unân. da 2ª Câm. Cív., de 03-08-88 - Ap. 39.266 - Rel. Juiz João Quintino Aleoprando Labegalini x Luiz Lupinacci).
(COAD/ADV - Jurispr. - 1989, pag. 27)

Cheque - Aposta do "jogo do bicho"- Proveito da própria torpeza
A argüição de que os cheques não podem ser cobrados porque tiveram origem em aposta no chamado "jogo do bicho" é de invulgar improcedência. Em primeiro lugar, porque se o embargante efetivamente fez a aposta, participou ou tentou participar do referido "jogo do bicho", tão-só esse fato já não o legitima a reclamar nada que lhe diga respeito a obrigações contraídas, pois quem concorre de qualquer modo para uma ilicitude não pode, ao depois, alegá-la em seu próprio benefício (1º TACiv. - SP - Ac. da 6ª Câm., de 06-06-89 - Ap. 406.199-4 - Rel. Juiz Pinheiro Franco - Tutti Play Diversões e Participações Ltda. x Suzete Furtado de Oliveira Coppola).
(COAD/ADV - Jurispr. - 1989, pág. 523)

Cheque - Prescrição - Juros e Correção monetária
Consumada a prescrição cambial em seis meses - art. 52 da Lei Uniforme - como o próprio apelante sabia, tanto que não ingressou com execução, os cheques deixaram de ser título de crédito, subsistindo apenas o mútuo subjacente do qual aqueles não passam de mero começo de prova e dívida, agora de natureza comum, e não mais cambial, só se torna líquida e certa com a sentença que a reconhece. Os juros só correm

a partir da mora, que, no caso, se operou com a citação, e a correção monetária, como os cheques não mais eram títulos executivos, flui do ajuizamento da ação (1º TACiv. - SP - Ac. unân. da 6ª Câm. Esp., de 12-07-89 - Ap. 414.537/9 - Rel Juiz Correia Lima - Rubens Mahfuz x Irivan Rodrigues).
(COAD/ADV - Jurispr. - 1989, pág. 811).

Cheque - Novação não caracterizada
Emitido o cheque para pagamento de uma cambial, não constitui novação da dívida porque é ordem de pagamento. Se o primeiro título não foi devolvido no ato, tem-se que o cheque é "pro-solvendo", ainda que haja referido o recibo novação pelo cheque. Não pago por insuficiência de fundos em poder do sacado, a dívida, sempre a mesma, continua subsistindo e representada pelo título primitivo (TA-RS - Ac. unân. da 2ª Câm. Cív., de 21-06-89 - Ap. 189.009.566 - Rel. Juiz Juracy de souza - Darcy Morandi x Regis Alexandre Saggin).
(COAD/ADV - Jurispr. - 1989, pág. 795).

Cheque - Emissão em branco - Objeto ilícito
Para que o cheque - aliás, entregue em branco à embargada e para cobrança futura, portanto, descaracterizando-o como ordem de pagamento - pudesse ser exigido, necessário que a causa que o originou tivesse objeto lícito. O pagamento à mulher, em razão da conjunção carnal, perante nossa sociedade, nosso direito é imoral, é ato ilícito (1º TACiv. - SP - Ac. unân. da 2ª Câm., de 20-09-89 - Ap. 409.269-3 - Rel. Juiz Rodrigues de Carvalho).
(COAD/ADV - Jurispr. - 1989, pág. 763)

Cheque - Contra-ordem quando é inócua - Compra e venda
A contra ordem efetuada dentro do prazo de apresentação é inócua e o sacado está obrigado a pagar o cheque, o qual é irrevogável e incondicionado nesse período. Na ausência de cláusula escrita prevendo o direito de arrependimento, as arras dadas são confirmatórias do negócio e, no caso de desistência ou descumprimento pelo devedor, cabe ao credor opção de apropriar-se do sinal ou exigir o cumprimento do contrato (1º TACiv. - SP - Ac. unân. da 2ª Câm., de 20-09-89 - Ap. 408.014-4 - Rel. Juiz Luis Antonio - Maria Aparecida Bergamini Martins x Josias Pereira Barbosa).
(COAD/ADV - Jurispr. - 1989, pág. 731)

Cheque - Emissão omo garantia de pagamento futuro - Sujeição aos efeitos do "plano Bresser"- Deflação
O cheque dado como garantia de pagamento futuro pré-datado - passa a ser considerado como título de crédito. Emitido no período compreendido entre 1º de janeiro a 15 de junho de 1987, com correção monetária nele prefixada, está sujeito à deflação, na forma prevista no § 1º do art. 13 do Dec. - Lei 2.335, de 12 de junho de 1987, com a redação que lhe deu o Dec. Lei 2.337, de 18 de junho de 1987, diploma legal que implantou no País o chamado "Plano Bresser" (TA-RS - Ac. unân. da 1ª Câm. Civ., de 21-06-89 - Ap. 188.102.370 - Rel. Juiz Osvaldo Stefanelo - Calçados Sandra Ltda. x Passarela dos Calçados Ltda).
(COAD/ADV - Jurispr. - 1989, pág. 651)

Cheque - Título pré-datado - Executabilidade
O cheque é ordem de pagamento à vista, sendo irrelevante se as partes convencionaram a sua apresentação ao banco sacado em data posterior à da emissão (1º TACiv. - SP - Ac. unân. da 1ª Câm., de 15-05-89 - Ap. 403.885/3 - Rel. Juiz Guimarães e Souza - Norival Aparecido da Fonseca x Auto Posto Planalto de Paulínia Ltda.)
(COAD/ADV - Jurispr., 1989, pág. 475)

Cheque - Emissão sob coação - Anulação
Tratando-se de cheque emitido sob coação moral, estando evidente a "vis compulsiva", padece o mesmo de vício de vontade que permite a sua anulação. Achando-se a execução fundada em vício de natureza cambiária, pode a exceção nela embasada ser oposta por via dos embargos à execução, mormente levando-se em conta que as partes no processo são as mesmas do negócio subjacente (TA-MG - Ac. Unân. da 2ª Câm. Civ., publ. em 08-06-89 - Ap. 33.613 - Rel. Juiz Xavier Ferreira - Jadir da Costa Lima x Elton Soares de Matos).
(COAD/ADV - Jurispr. - 1989, pág. 459)

Duplicata - Pagamento feito através de Câmara de Compensação
O pagamento feito através da Câmara de Compensação desonera o devedor, ainda que o crédito respectivo não tenha sido contabilizado pelo banco encarregado da cobrança (TACiv. - RJ - Ac. Unân. da 4ª Câm., de 19-12-88 - Ap. 81.604 - Rel. Juiz Carlos Ferrari - Distillerie Stock do Brasil Ltda. x Rei do Queijo Ltda.)
(COAD/ADV - Jurispr. - 1989, pág. 298)

Cheque - Garantia de dívida - Prazo para execução
Não perde sua força executiva o cheque passado em garantia de dívida, mesmo que não tenha sido apresentado para pagamento, admitindo-se ação de execução no prazo de sete meses a contar da data de emissão de título pagável na mesma praça (TA - MG - Ac. unân. da 3ª Câm. Cív., publ. em 30-03-89 - Ap. 35.088 - Rel. Juiz Francisco Brito - Ronaldo Vieira Batista x José Tanajura de Carvalho).
(COAD/ADV - Jurispr. - 1989, pág. 283)

Cheque - Falta de cautela no recebimento
Se o cheque foi furtado, evidentemente não poderia ser recebido em pagamento de negócio, sem que o beneficiário examinasse a documentação de quem o entregava, se não o conhecia. Quem recebe um cheque de um desconhecido, evidentemente está assumindo o risco de receber um cheque furtado. Da mesma forma, quem recebe um cheque para descontá-lo, sabendo que não é da empresa emitente, está assumindo o risco de ser produto de crime. O cheque é ordem de pagamento à vista, mas não pode ser recebido livremente, como bom, simplesmente porque está assinado. Precisa quem vai recebê-lo conhecer quem o entrega ou pedir documento comprobatório da legitimidade da posse do talonário. Quem recebeu sem esse mínimo de cautela, recebeu mal e não pode pretender receber o valor de quem não o assinou (1º TACiv. - SP - Ac. unân. da 8ª Câm., de 21-12-88 - Ap. 384.834 - Rel. Juiz Raphael Salvador - Luiz Alberto Monteiro x Sartori Otani).
(COAD/ADV - Jurispr. - 1989, pág. 235)

Cheque - Emissão para garantir obrigação
Se o cheque é emitido para garantir cumprimento de obrigação futura, carece de liquidez e certeza a dívida (TACiv. - RJ - Ac.unân. da 5ª Câm., reg. em 03.11.88 - Ap. 78.133 - Rel. Juiz Dalton Costa - José Luiz Rengel Reyes x Rui Enio de Matos Serruya).
(COAD/ADV - Jurispr. - 1989, pág. 186)

Cheque - Prescrição - Cobrança - Desnecessidade de alegação e prova da causa subjacente
Prescrito o direito à ação executiva, restou a ação de conhecimento, onde o portador do cheque vem a Juízo alegar que o réu lhe deve determinada importância, que prova com a juntada do cheque pedindo

do Judiciário que lhe reconheça o direito. Foi exatamente isso o que o apelante fez. Para o Juiz cabia ao autor provar a causa subjacente do cheque, mas na verdade o que cabia ao autor era provar quais as causas remota e próxima do seu pedido. Ora, no momento em que junta o cheque, ainda que prescrito quanto ao direito de executá-lo, inegavelmente prova a existência de um contrato entre as partes. Assim, a causa remota do pedido foi o contrato consubstanciado no cheque, onde o réu ficou de pagar determinada importância ao autor. A causa próxima do pedido foi o vencimento da obrigação e seu não pagamento. Portanto, tudo quanto tinha que provar com a inicial do autor provou. Ao réu, como se trata de ação de conhecimento, cabia defender-se daquela pretensão formulada, mas não o fez, quedando-se revel. Portanto, os fatos narrados na inicial - a dívida do réu e o não pagamento - estão provados. A diferença não percebida pelo Juiz é que na ação de execução a literalidade do título executivo, um cheque, prevalece, enquanto na ação de conhecimento sujeita-se o autor a discutir sua pretensão formulada ao Judiciário. Ora, se ele a formulou e não houve contestação e se o pedido se funda em negócio entre as partes que o cheque prova, como contrato, impunha-se a procedência da ação (1º TACiv. - SP - Ac. unân. da 4ª Câm. SP, de 11.01.89 - Ap. 408.227/1 - Rel. Juiz Raphael Salvador. Consiste Assessoria de Créd. S/C Ltda x Lúcia Helena Domingos).
(COAD/ADV - Jurispr. - 1989, pág. 155).

Banco - Pagamento de cheque falso - Responsabilidade do banco
É o estabelecimento bancário responsável pelo pagamento de cheque falso, ressalvadas as hipóteses de culpa exclusiva ou concorrente do correntista, em nada importando tratar-se de falsificação grosseira ou somente perceptível com a ajuda de instrumentos ou de perícia técnica (TJ - MG - Ac. da 2ª Câm. Civ., publ. em 11-02-89 - Ap. 74.076/2 - Rel. Des. Walter Veado - Caixa Econômica do Estado de Minas Gerais x José Gonçalo Costa).
(COAD/ADV - Jurispr. - 1989, pág. 139)

Cheque - Emissão mediante coação - Contra ordem de pagamento - Prova
A via compulsiva para ser aceita como causa de nulidade do título há de respaldar-se em prova escorreita, robusta e cabal (TJ - SC - Ac. unân. da 3ª Câm. Civ., de 01-11-88 - Ap. 29.625 - Rel. Des. Ivo Carvalho - Edson de Souza Saenz x Hospital São Luiz).
(COAC/ADV - Jurispr. - 1989, pág. 107)

Cheque - Cobrança - "Causa debendi"- Prova
Ainda que em processo de conhecimento, o credor não precisa provar a "causa debendi" do cheque, se prova a existência da dívida reepresentada no cheque. Sua emissão importou em reconhecer uma dívida, que não desapareceu quando o credor perdeu a ação de execução. Perdeu essa ação e não o seu crédito, surgindo no processo de conhecimento a possibilidade da discussão da sua causa subjacente. Se o réu nada provou a afastar a força do cheque, é ele devido (1º TACiv. - SP - Ac. unân. da 4ª Câm. Esp., de 11-01-89 - Ap. 408.909/8 - Rel Juiz Raphael Salvador - José Alberto Bedaque Siqueira x José Vellota).
(COAD/ADV - Jurispr. - 1989, pág. 171)

Cheque sem fundos - Entrega do título- Presunção de pagamento
O pagamento de dívida através de cheques sem provisão de fundos não constitui novação, não altera a relação causal, tampouco afasta a ação que lhe corresponde. Não havendo entrega do título ao devedor, arredada está a presunção de pagamento (TA Civ. - RJ - Ac. unân. da 4ª Câm. reg. em 29-07-87 - Ap. 59.649 - Rel. Juiz Marden Gomes - Francisco Alves Pereira x Bamerindus S/A).
(ADCOAS - Jurispr. - 1988, pág. 19)

Banco - Falsificação de cheque - Responsabilidade pelo pagamento
Confirmada pela perícia em segunda instância que a falsificação era grosseira e perceptiva a olho nu, dispensada até perícia grafotécnica, a responsabilidade pelo pagamento do cheque é do banco sacado (TA Civ. - RJ - Ac. unân. da 3ª Câm. reg. em 30-10-87 - Ap. 31.675 - Rel. Juiz Hélvio Perorázio - Banco Nacional S/A e Dinisa - Distribuidora Niterói de Veículos e Peças Ltda x os mesmos.
(ADCOAS - Jurispr. 1988, pág. 35)

Cheque - Natureza jurídica
O cheque é ordem de pagamento à vista com circulação fácil, se ao portador; vale como dinheiro. Ele continua com a característica de substituir o próprio dinheiro, motivo bastante para se reputar a entrega, em pagamento de dívida, como quantia voluntariamente paga, de recuperação inviável (1º TA Civ. - SP - Ac. unân. da 1º TA Civ. - SP - Ac. unân. da 5ª Câm. julg. em 16-09-87 - Ap. 376.144-2-Pirajuí - Rel. Juiz Laerte Nordi - João Carlos Khouri x Luiz Carlos de Moraes).
(ADCOAS - Jurispr. - 1988, pág. 67)

Cheque - "Causa debendi"- Irrelevância
O cheque é verdadeiramente uma cambial, podendo ser reclamado seu pagamento pela via da execução forçada. Estando revestido de suas formalidades legais, não há que se cogitar da "causa debendi"(TJ - ES - Ac. unân. da 1ª Câm. Cív. julg. em 25.08.87 - Ap. 14.619 - Capital - Rel. Des Norton de Souza Pimenta - Maria Luiza Fagundes Lima x Ivan Neiva Junior.)
(ADCOAS - Jurispr. - 1988, pág. 99).

"Travellers cheque" e papel-moeda - distinção
Não se trata o *travellers cheque* de papel-moeda. Enquanto este circula em qualquer país, com validade internacionalmente reconhecida, aquele tem circulação restrita, determinada pelo banco particular de que proveio e de acordo com convenções havidas entre instituições bancárias. O seu poder de compra não é livre, estando limitado ao devido resgate, em moeda corrente, através dos estabelecimentos conveniados (TFR - Ac. da 1ª Seção publ. no DJ de 29-10-87 - CC 7397 - RJ - Rel. Min. Flaquer Scartezzini - Juízo Federal da 13ª Vara RJ e Juízo de Direito da 21ª Vara Criminal - RJ).
(ADCOAS - Jurispr. - 1988, pág. 135)

Cheque - Prescrição - Termo inicial.
O cheque, após o prazo de 30 dias da emissão, prescreve em seis meses (TJ-PA - Ac. Unân. da 1ª Câm. Cív., julg. em 2-6/87 - Ap. 12.629 - Paragominas - Rel. Desª Izabel Vidal de Negreiros Leão - Depósito de Meias e Blusas Espedito x O Ximendão Ltda.)
(ADCOAS - Jurispr. - 1988, pág. 99).

Cheque - Garantia de dívida - Discussão da "Causa Debendi".
Sendo o cheque, por construção legal, ordem de pagamento à vista, a eventual circunstância de sua emissão em garantia de dívida, mesmo que verdadeira, não lhe retira a força de cambial, somente elidida pela ocorrência de fato extintivo, modificativo ou impeditivo da obrigação de solver (TJ - MS - Ac. unân. da 2ª T. Cív. publ. em 28/10/87 - Ap. 1.469 - Campo Grande - Rel. Des. José Augusto de Souza - Morzart dos Santos x Eunice Maria Buainain Soares Pereira).
(ADCOAS - Jurispr. - 1988, pag. 215)

Banco - Liberação de cheque-Inobservância de prazo compensação - Efeitos.
Se o banco libera a importância relativa a cheque, sem observar o prazo de compensação, durante o qual o título poderia ser devolvido pelo banco sacado, está sujeito a ressarcir o prejuízo que este último haja sofrido, entendendo-se, porém, como lucros cessantes os juros de mora e as custas - art. 1.061 do Cód. Cív. (TJ-RJ - Ac. Unân. da 7ª Câm. reg. em 16-9-87 - Ap. 2.113 - Rel. Des. Áureo Bernardes Carneiro - Banco do Estado de Santa Catarina S/A e Banco do Estado da Bahia S/A os mesmos).
(ADCOAS - Jurispr. - 1988, pág. 231)

Bancos - Cheques falsificados - Culpa exclusiva do correntista - Responsabilidade
O estabelecimento bancário não responde por prejuízos decorrentes de saques feitos com cheques falsificados, em caso em que a falsificação é de difícil percepção e devida a exclusiva culpa do correntista (TFR - Ac. unân. da 1ª T. publ. no DJ de 03-12-87 - Ap. Cív. 48.045 MG - rel. Min. Dias Trindade - Sindicato dos Trabalhadores em Empresas de Telecomunicações e Operadores de Mesas Telefônicas do Estado de Minas Gerais x Caixa Econômica Federal - Advs.: Alcides Tavares Teixeira e José Chagas Horta).
(ADCOAS - Jurispr. - 1988, pág. 263).

Cheque sem fundos - Conta conjunta - Emissão pela mulher - Ilegitimidade do marido na execução
Em conta conjunta corrente, emitidos os cheques pela mulher e devolvidos por falta de fundos, o marido é parte ilegítima na execução, pois inocorre solidariedade passiva (TA - PR - Ac. unân. 27.836 da 1ª Câm. Cív. em 3-11-87 - Ap. 1.688 - Realeza - Rel. Juiz Ivan Righi - Sérgio Luiz Bigliar - di vs. Oscar Pires dos Santos).
(ADCOAS - Jurispr. - 1988, pág. 279).

Duplicata

Sustação de protesto - ônus da prova
Título executivo extrajudicial. Ação de Sustação de Protesto e inexigibilidade de duplicatas
Tendo sido expressamente admitido o recebimento da mercadoria, incumbe àquele que pretende ver-se desobrigado do pagamento do título o dever de proceder à prova inequívoca da sua devolução.
Apelação desprovida.

DECISÃO: NEGADO PROVIMENTO. UNÂNIME
APELAÇÃO CÍVEL Nº 195021639
5ª CÂMARA CÍVEL
MÁRCIO BORGES FORTES - Relator
09/03/95
TARGS/JUR/F

Duplicata
Título executivo extrajudicial - nulidade
Título executivo extrajudicial. Duplicata. Compra e venda. Objeto ilícito. Nulidade.
É nula a compra e venda que tem por objeto mercadoria que não pode ser comercializada por falta de registro no órgão competente. Superveniente registro não convalida o ato jurídico inválido.

DECISÃO: NEGADO PROVIMENTO. UNÂNIME
APELAÇÃO CÍVEL Nº 194210688
2ª CÂMARA CÍVEL
MARIA ISABEL DE AZEVEDO SOUZA - Relatora
02/03/95
TARGS/JUR/F

Duplicata
Penhora/veículo - Preclusão - Nulidade - Prova
Prefacial de nulidade da penhora, afastada. Inexistência, nos autos dos embargos de qualquer princípio de prova que demonstre que o bem penhorado não é de propriedade da executada. Questão a ser discutida em demanda própria.
Prefacial de nulidade da sentença, por cerceamento de defesa, desacolhida. Preclusão do direito à dilação probatória.
Duplicata. Executividade do título, que atende aos requisitos da Lei das Duplicatas.
Apelo improvido. Sentença mantida.

DECISÃO: NEGADO PROVIMENTO. UNÂNIME.
APELAÇÃO CÍVEL Nº 194240487
3ª CÂMARA CÍVEL
LUIZ OTÁVIO MAZERON COIMBRA - Relator
15/02/95
TARGS/JUR/AC

Duplicata
Exceção de pré-executividade - Prazo - Execução - Prova documental - Preclusão
Exceção de pré-executividade. Prazo de interposição.
Objetivando a exceção de pré-executividade a extinção da execução, porque ausentes condições da execução, não sendo preclusivo o prazo face a regra do § 3º do art. 267, não se aplica para a interposição o prazo do artigo 652, ambos do CPC.
Duplicatas protestadas sem aceite. Comprovante de entrega da mercadoria e da prestação dos serviços.
O reconhecimento expresso da exatidão do demonstrativo das contas faz prova da entrega da mercadoria e da prestação dos serviços contratados, resultando improcedente a exceção de pré-executividade.
Apelo provido, rejeitada a preliminar.

DECISÃO: DADO PROVIMENTO. UNÂNIME.
APELAÇÃO CÍVEL Nº 194257515
7ª CÂMARA CÍVEL
LEONELLO PEDRO PALUDO - Relator
22/02/95
TARGS/JUR/R

Transação
Embargos à execução. Título executivo extrajudicial. Duplicata emitida com observância do negócio jurídico realizado entre as partes e representado por nota fiscal comprobatória da transação. Sentença confirmada. Apelação improvida.

DECISÃO: NEGADO PROVIMENTO. UNÂNIME.
APELAÇÃO CÍVEL Nº 194256707
1ª CÂMARA CÍVEL
MARIA ISABEL BROGGINI - Relatora
07/03/95
TARGS/JUR/B

Anulatória
Duplicata. Ação anulatória e cautelar de sustação de protesto. Não comprovada a relação negocial originadora da fatura de compra e venda ou de prestação de serviços, irregular e abusivo se evidencia o saque de duplicata.

DECISÃO: DADO PROVIMENTO. UNÂNIME.
APELAÇÃO CÍVEL Nº 194042040
2ª CÂMARA CÍVEL
GERALDO CESAR FREGAPANI - Relator
09/02/95
TARGS/JUR/F

Sustação de protesto - anulatória
Sustação de protesto e anulação de duplicata.
Aquisição de matrizes para injeção de solados. Mercadorias entregues e testadas. Alegação de necessidade de ajustes, porém realizados por outra empresa concorrente. Inutilização das matrizes. Responsabilidade que não pode ser atribuída à vendedora, uma vez recebida a mercadoria e não devolvida no prazo legal.
Protesto legítimo. Recurso improvido.

DECISÃO: NEGADO PROVIMENTO. UNÂNIME.
APELAÇÃO CÍVEL Nº 194220158

4ª CÂMARA CÍVEL
MOACIR LEOPOLDO HAESER - Relator
15-12-94
TARGS/JUR/F

Duplicatas
Duplicatas. Pagamento por cheques. Ação declaratória de nulidade. Prova da entrega da mercadoria. Havendo dúvida quanto à efetiva entrega da mercadoria, inobstante o recibo destacado da nota fiscal apresentado pela R., que realizou boa prova de suas alegações, imperioso é permitir às partes produção de novas provas em instrução processual, notadamente à A., que nenhuma prova produziu, limitando-se a alegar. Apelação provida para desconstituir-se a sentença que julgou antecipadamente procedente a ação.

DECISÃO: DADO PROVIMENTO. UNÂNIME.
APELAÇÃO CÍVEL Nº 194215133
1ª CÂMARA CÍVEL
JURACY VILELA DE SOUSA - Relator
29-11-94
TARGS/JUR/F

Duplicata
Títulos de crédito. Duplicata. Alegação de inexistência de relação negocial. Devolução dos títulos, sem aceite. Inviabilidade de citação pessoal. Prescindibilidade de perícia para comprovação de inexistência de débito. O fato de a agravante ter negado desde o início a existência de relação negocial com a agravada, capaz de ensejar a emissão das duplicatas; o fato de haver devolvido ao banco os títulos sem aceite por inexistência de relação negocial; o fato de haver endividado todos os esforços para citação pessoal do presentante da suposta credora; o fato de já haver transcorrido mais de cinco anos desde o aponte dos títulos sem qualquer tomada de providência por parte desta, conduzem à conclusão quanto a não ser a agravante devedora da agravada, e não terem os títulos causa sem qualquer compra e venda ou prestação de serviços a prazo, prescindindo de prova pericial.
Agravo provido.

DECISÃO: DADO PROVIMENTO. UNÂNIME.

AGRAVO DE INSTRUMENTO N° 194210001
5ª CÂMARA CÍVEL
MÁRCIO BORGES FORTES - Relator
24/11/94
TARGS/JUR/B

Vício - Compra e venda mercantil
Compra e venda mercantil. Não restituídas mercadorias, ditas com vícios ou imperfeições, no prazo legal, é defeso a adquirente negar-se ao pagamento da duplicata correspondente à fatura extraída. Sentença mantida.

DECISÃO: NEGADO PROVIMENTO. UNÂNIME.

APELAÇÃO CÍVEL N° 194077624
2ª CÂMARA CÍVEL
GERALDO CESAR FREGAPANI - Relator
24/11/94
TARGS/JUR/B

Endosso - Nulidade
Duplicata sem aceite e sem comprovante de entrega de mercadoria
Título que circulou via endosso - emissão fraudulenta de duplicata se constitui em nulidade absoluta. Em que pese ter circulado a duplicata, é possível reconhecer-lhe eficácia, se ela se caracteriza como título nulo, porquanto fraudulento. Impossibilidade de decretar-se a nulidade perante o sacador e reconhecer-se a eficácia perante o endossatário. Em se tratando de nulidade absoluta, não há como reconhecer efeitos, mesmo perante endossatário de boa-fé. Risco que o endossatário assume ao receber título sem aceite e sem comprovante de entrega de mercadoria.

DECISÃO: REJEITARAM OS EMBARGOS. UNÂNIME.
2° GRUPO CÍVEL.
EMBARGOS INFRINGENTES N° 194101580
MÁRCIO OLIVEIRA PUGGINA - Relator
18/11/94
TARGS/JUR/AC

Endossante - Protesto - Ação regressiva
Título de crédito. Responsabilidade do endossante
O protesto obrigatório previsto no § 4º do art. 13 da Lei 5474/68 não tem o caráter absoluto e não pode ser interpretado isoladamente dos demais artigos da lei das duplicatas. O mínimo que se exige para que se permita referido protesto é que o título seja emitido em consonância com os princípios expressos em lei.

Duplicata emitida sem a entrega confessa da mercadoria não pode ser protestada contra o devedor porque, viola todos os princípios da lei cambiária, sendo irregular.

Tendo porém, circulado o título e sendo obrigatório o protesto para garantir o direito de regresso, este não alcança o nome do sacado.

DECISÃO: DADO PROVIMENTO PARCIAL. UNÂNIME.
APELAÇÃO CÍVEL Nº 194175261
9ª CÂMARA CÍVEL
JOÃO ADALBERTO MEDEIROS FERNANDES - Relator
04/10/94
TARGS/JUR/R

Legitimidade passiva "ad causam"- Sustação de protesto
Estabelecimento bancário - Perdas e danos - Sucumbência
Duplicata. Sustação de protesto. Anulação. Perdas e danos. Ilegitimidade passiva. Art. 1.531 do Código Civil.

Reconhecida a ilegitimidade passiva do banco, excluído das lides, não pode ele ser condenado ao pagamento de custas e honorários, na suposição de que agiu indevidamente ao apresentar o título a protesto, a título de indenização de perdas e danos pedida na inicial, por se tratar, na realidade, de verbas sucumbenciais.

(...)

DECISÃO: DADO PROVIMENTO À PRIMEIRA. NEGADO PROVIMENTO À SEGUNDA. UNÂNIME.
APELAÇÃO CÍVEL Nº 194187647
JURACY VILELA DE SOUSA - Relator
1ª CÂMARA CÍVEL
25/10/94
TARGS/JUR/AC

Duplicata. Título executivo extrajudicial
Título executivo. Vencimento. A duplicata, embora inaceita, mas protestada e acompanhada da prova de entrega da mercadoria, é título executivo extrajudicial.

A alegação de prorrogação do prazo de vencimento do título, para que mereça acolhimento, deve restar cumpridamente provada.

DECISÃO: NEGADO PROVIMENTO. UNÂNIME.
APELAÇÃO CÍVEL Nº 194182168
1ª CÂMARA CÍVEL
HEITOR ASSIS REMONTI - Relator
25/10/94
TARGS/JUR/B

Exceção de contrato não cumprido - Sustação de protesto
Ação cautelar de sustação de protesto de duplicatas e anulatória dos mesmos títulos.

A duplicata é título causal. Descumprido o contrato que lhe deu origem ainda que em parte, inexigível é a dívida correspondente. A cobrança de débito ainda existe e o acertamento das partes deve ser levado a efeito em processo de conhecimento.

Apelo improvido.

DECISÃO: DADO PROVIMENTO. UNÂNIME.
APELAÇÃO CÍVEL Nº 194183315
7ª CÂMARA CÍVEL
VICENTE BARRÔCO DE VASCONCELLOS - Relator
19/10/94
TARGS/JUR/R

Duplicata - Endosso - Extravio - Emissão de triplicata
O estabelecimento financeiro que recebe duplicata para cobrança responde pelo seu extravio, com regresso contra a sacadora que, por a haver endossado, não poderia emitir triplicata e receber do sacado o respectivo valor (STJ - Ac. unân. da 3ª T., publ. em 07-10-91 - AG AI 14.286 - MG - Rel . Min. Dias Trindade - Banco Sogeral S/A x Roberto Randazzo - Advs. Antonio Carlos Muniz e Welerson Ribeiro da Silva).

(COAD/ADV - Jurispr. - 1992, pág. 26)

Duplicata - endosso - natureza
O endosso transmite ao endossatário todos os direitos emergentes do título, posto como ato jurídico formal e abstrato, desvinculado de sua causa originária, vez que ele sucede ao endossador na posse que lhe é transmitida, sem suceder-lhe na relação jurídica existente entre o devedor e o endossador, e isso porque, por não constituir o endosso uma cessão de crédito civil, mas forma particular de alienação de coisa móvel, que é a letra de câmbio, ou o título à ordem, em geral, nisso emprestando-lhe "segurança do tráfego" (TJ - RJ - Ac, unân da 1ª Câm. Civ., reg. em 09-10-91 - Ap. 1.432/91 - Rel. Des. Ellis Figueira - San Rial Car Peças e Acessórios para Autos e Representações Ltda x Banco da Amazônia S/A).
(COAD/ADV - Jurispr. 1992, pág. 187)

Duplicata - Título extemporâneo emitido com o valor corrigido Sustação de protesto - Ação anulatória
O valor constante da duplicata deve ser aquele pelo qual foi realizada a compra e venda mercantil, ou o saldo, se pago parte do preço. Emitir nota fiscal e duplicata, quando decorridos mais de três anos da data da compra e venda, fazendo nela constar valor diverso, incluídos correção monetária e juros moratórios, importa em nulificar o título. Circunstância que conduz a sustação definitiva de seu aponte e declaração de sua nulidade, com procedência da medida cautelar de sustação de protesto e ação de anulação. Os honorários devem ser fixados, na medida cautelar de sustação de protesto, não sobre o valor a ela atribuído senão que fixados de acordo com o prudente arbítrio do Juiz (TA - RS - Ac. unân. da 6ª Câm. Cív., de 28-11-91 - Ap. 191.079.367 - Rel. Juiz Moacir Adiers - Conte S/A - Máquinas Agrícolas x José Antonio Chiden Sessin).
(COAD/ADV - Jurispr. - 1992, pág. 217)

Duplicata - Retenção pelo devedor - Execução por título extrajudicial
A teor do que dispõe o § 2º do art. 15 da Lei 5.474/68, ocorrendo a retenção da duplicata pelo comprador, admite-se a propositura da ação e execução baseada apenas no instrumento e protesto, realizado mediante indicação do credor ou do apresentante do título, desde que preenchidas as condições previstas no inc. II do mesmo artigo TA-MG - Ac. unân. da 4º Câm. Civ., de 13-11-91 - Ap. 118.481-2 - Rel. Juiz Mercêdo Moreira - Atemac - Indústria e Comércio. x Compoart Ltda.)
(COAD/ADV - Jurispr. - 1992, pág. 218).

Duplicata - Cobrança de correção monetária - Cancelamento do protesto
Sendo a duplicata título causal vinculado a compra e venda de mercadoria ou prestação de serviço, não é lícita a sua emissão para a cobrança de correção monetária de dívida já quitada (TJ - RJ - Ac. unân. da 4ª Câm. Cív., reg. em 03-09-91 - Ap. 473/91 - Rel. Juiz Marden Gomes - Fuseletro Equipamentos Elétricos Ltda. x Costa Rocha Engenharia e Construções S/A)
(COAD/ADV - Jurispr. - 1992, pág. 362)

Duplicata - Saque indevido - Comissão de permanência
O saque de duplicata com vistas à obtenção dos prejuízos da mora, bem como à comissão de permanência, constitui via de ressarcimento não amparada na lei das duplicatas. Não pode o credor, para atalhar o caminho adequado da ação própria, precipitar de afogadilho a criação do título, lançar na cártula um valor unilateralmente calculado de seus prejuízos e exigir, sob a coação moral do protesto, o pagamento. O saque, nessas condições, perpetraria o afastamento do direito do devedor ao livre debate e ampla defesa, no devido processo legal, a que o sacador, assim procedendo, solertemente omitiria. Por fim, a comissão de permanência, como remuneração do capital por dia de atraso, no cumprimento pelo devedor de obrigação líquida e certa, é regulada pelo Banco Central, órgão executor da política monetária, supervisionada pelo Conselho Monetário Nacional. O percentual objetiva remunerar operações e serviços bancários. Não integrando a sacadora o sistema financeiro nacional como entidade de crédito, o valor a esse título englobado nas duplicatas, não será inspirado no ordenamento jurídico (1º TACiv. - SP - Ac. unân. da 4ª Câm., reg. em 18-04-91 - Ap. 426.665/9 - Rel. Juiz José Bedran - Simpson Comércio Indústria S/A x Anhembi Materiais para Construções Ltda.)
(COAD/SDV - Jurispr. 1991, pág. 363).

Duplicata - Devolução da mercadoria pelo sacado - Endosso pleno
A duplicata é título formal. Devolvida a mercadoria de cuja relação comercial decorreu sua emissão, sem causa restou. Legítima a recusa do aceite, com ciência inequívoca do endossatário, abusivo o encaminhamento do título a protesto, eis que só poderia o endossatário voltar-se contra o endossante. Possível, em caso tal, ao sacado, discutir a origem do título e perda de sua eficácia, ante o desaparecimento de sua causa original mesmo contra pretensão do endossatário pleno (TA-RS -

Ac. unân. da 1ª Câm. Cviv., de 09-10-90 - Ap. 190.052-134 - Rel. Juiz Oswaldo Stefanello - Banco do Brasil S/A x Lojas Renner S/A.).
(COAD/ADV - Jurispr. - 1991, pág. 09)

Duplicata - Ação contra avalista
Nos termos do artigo 585, inciso I, do Código de Processo Civil, a duplicata aceita constitui título executivo extrajudicial, independente de documento comprobatório da entrega e recebimento das mercadorias; nesse caso, mesmo que ao avalista fosse possível argüir matéria baseada na relação negocial entre sacador e sacado, caber-lhe-ia a prova na hipótese inexistente, da não-entrega das mercadorias (TA - PR - Ac. unân. da 1ª Câm. Cív., de 11-09-90 - Ap. 1.601/89 - Rel. Juiz Trotta Telles - Ayres Macedo da Cunha Neto Procópio x Comércio e Indústria de Sacaria Ltda.).
(COAD/ADV - Jurispr. - 1991, pág. 42)

Duplicata - Desconto antes do aceite - Protesto pelo banco endossatário
Tratando-se de protesto necessário ao exercício da ação regressiva contra a endossante e incomprovada má-fé do endossatário ao tempo do negócio de desconto bancário que deu causa aos endossos, não podem ser anulados os títulos, que gozam de plena eficácia cambiária entre endossantes e endossatário. No caso, o protesto por falta de aceite é ato ilícito praticado no exercício regular de um direito, e não pode dar causa a obrigação de indenizar. Recurso especial conhecido e provido (STJ - Ac. unân. da 4ª T., publ. em 10-12-90 - RESP - 5.337 - RJ - Rel. Min. Athos Carneiro - Banco do Nordeste do Brasil S/A x COMESA, Com. e Imp. Ltda. - Advs. Luisa Helena Ribeiro Querette e Sulex Igor Levet Lanus).
(COAD/ADV - Jurispr. - 199, pág. 59).

Duplicata - Quitação em cartório - Sustação da cobrança de triplicata
A par de suas funções automáticas tem o oficial de protestos, como encargo de maior confiança, qualidade para receber a importância da letra, quando o devedor lhe quiser pagar, e para passar nela a necessária quitação. Com efeito, a faculdade de cobrar inclui, naturalmente, a de receber, assim como a de receber inclui a de passar quitação, sabido que na prática, é comum receberem os oficiais o pagamento em cartório, referindo-se a lei claramente a este costume, quando lhes orde-

na que entreguem o instrumento de protesto ao devedor que houver efetuado o pagamento - art. 29, parágrafo único. Seria, aliás, absurdo que, cumprindo o encargo de cobrar, se recusassem a receber, e protestarem um título que o devedor, com o dinheiro na mão, se declarasse pronto a resgatar. Logo, irrepreensivelmente certa a sentença apelada, pois, se o devedor quitou a duplicata no Cartório de Protestos, como lhe era facultado - e perante quem legitimamente podia receber o valor nela documentado, e, ainda, desse recebimento, dar a necessária quitação - "tollitur quaestio". Injustifica-se, às plenas, o saque da triplicata, que, se saldada, implicaria num indébito locupletamento da apelante, vingando o comportamento da insinuantemente beneficiária como até tipificando o disposto no inciso II, do art. 17 da Lei adjetiva civil (1º TACiv. - SP - Ac. unân. da 2ª Câm. reg. em 10-01-91 - Ap. 409.729-4 - Rel. Juiz Barreto de Moura - Firmasa Veículos S.A. x Lúcia Paterno).
(COAD/ADV - Jurispr. - 1991, pág. 123)

Carência da ação - Duplicata emitida por sociedade comercial - ação de desconstituição do título contra sócio - Ilegitimidade passiva "Ad Causam"
É carecedor da ação o autor que ajuíza demanda contra a pessoa física do sócio, quando o título foi emitido pela sociedade. Apelo provido (TA-RS - Ac. unân. da 4ª Câm. Cív., de 06-12-90 - Ap. 190.141.671 - Rel. Juiz Jauro Gehlen - Carlos Osvaldo Teixeira Hepp x Florisbel Brites Escobar).
(COAD/ADV - Jurispr. - 1991, pág. 190)

Duplicata - Juros, Comissão de permanência e correção monetária
Ainda que o vencimento dos títulos se dê antes da entrada em vigor da atual Constituição Federal, a comissão de permanência, no silêncio da lei, só pode ser cobrado se houver convenção a respeito. Os juros, na ausência de convenção, são devidos à taxa de 6% ao ano e fluem da data do vencimento dos títulos de crédito. A correção monetária observará o disposto na Lei 6.899/81, art. 1º, § 1º, incidindo da data do vencimento dos títulos e não da propositura da ação (TJ - RJ - Ac. unân. da 5ª Câm. Civ., reg, em 14-11-90 - Ap. 3.172/90 - Rel. Des. Humberto Manes - Banco do Brasil S/A x CONTEST, Indústria e Comércio de Artefatos de Cimento Ltda.).
(COAD/ADV - Jurispr. - 1991, pág. 235)

Duplicata - Débito quitado em cartório - Atualização monetária
Constituindo a jurisprudência fonte de direito, inegável é a possibilidade do órgão judicante impor a correção monetária, cujo ato não configura atividade legiferante. Demonstrado o inadimplemento da cártula, ainda que não convencionada, é devida a parcela visando manter o poder aquisitivo da moeda, a qual é suscetível de ser cobrada em ação específica (TJ - SC - Ac. unân. da 1ª Câm. Cív., publ. em 27-12-90 - Ap. 34.490 - Rel. Francisco Oliveira - Lojas Catarinense - Artigos de Vestuário Ltda. x J.L.Bernardi & Cia Ltda.)
(COAD/ADV - Jurispr. - 1991, pág. 314)

Duplicata desconto antes do aceite - Desfazimento do negócio jurídico subjacente - irrelevância em face do endossatário de boa-fé
A duplicata mercantil é título cambiário desvinculado do negócio causal, desde o momento em que surge obrigação de direito cambiário. Uma vez endossada mediante operação de desconto, não pode ser anulada sob alegação de que se desfez o negócio jurídico subjacente, com a devolução das mercadorias. Precedentes do STF e do STJ. Recurso especial conhecido e provido (STJ - Ac. unân. da 4ª T., publ. em 29-04-91 - RESP 4.744 - RS - Rel. Min. Barros Monteiro - Banco Bradesco S/A x José Dalbosco - Advs Liamara Luiza Caleffi Duarte e Delorges Gradaschi).
(COAD/ADV - Jurispr. - 1991, pág. 427)

Duplicata - Retenção pelo sacado - Extração lícita de triplicata
Não veda a lei a extração de triplicata em face de retenção da duplicata pela sacada (STJ - Ac. unân. da 4ª T., publ. em 19-11-90 - RESP 3.253 - RS - Rel. Min. Sálvio de Figueiredo - Rossi & Cia Ltda X Cia Siderúrgica Belgo-Mineira - Advs. Maria Luíza Costa Sitya e João Glashester).
(COAD/ADV - Jurispr. - 1991, pág. 523)

Duplicata - Falta de aceite - Cobrança em processo de conhecimento - correção monetária
Duplicatas sem aceite por falta de entrega e recebimento das mercadorias perdem a condição de títulos executivos e, uma vez descontados em instituição financeira, a cobrança da dívida contra a sacadora se faz em processo de conhecimento - art. 16 da Lei 5.474/68. A atuali-

zação monetária, por se tratar de dívida decorrente de ato ilícito, incide desde o vencimento dos títulos. Incide desde o vencimento dos títulos. Embargos declaratórios recebidos em parte (STJ - Ac. unân. da 3ª T., em 24-06-91 - ED - RESP 5.303 - SP - Rel. Min. Dias Trindade - Sitafer Comércio Indústria de Ferro x Banco Boa Vista S/A - Advs Fernando H. de Prajá Hollanda e Henrique Ribeiro.)
(COAD/ADV - Jurispr. - 1991, pág. 587).

Duplicata - Falta de aceite - Protesto - Direito de regresso
Endossada a duplicata, aplicam-se as normas reguladoras das relações de natureza cambial, podendo o endossatário exercer todos os direitos emergentes do título. Isso, entretanto, contra quem se houver vinculado cambialmente. O sacado, só por sê-lo, não assume obrigação cambial que existirá caso lance seu aceite. A posição do sacado que não aceitou não é efetuada juridicamente pelo protesto. Em vista, entretanto, das enormes conseqüências que o comércio empresta ao ato, admissível seja impedido aquele ato, com ressalva expressa do direito de regresso do endossatário (STJ - Ac. unân. da 3ª T., publ. em 12-08-91 - RESP 10.542-SC - Rel. Min. Eduardo Ribeiro - Banco Sogeral S/A x TENENGE - Técnica Nacional de Engenharia S/A - Advs. Sandra Cristina PAF dos Santos e Aldo de Almeida).
(COAD/ADV - Jurispr. - 1991, pág. 618).

Duplicata - ação anulatória - confissão ficta
Tempestivamente requerido o depoimento pessoal do representante legal da autora, sob pena de confesso, e intimado regularmente este a prestá-lo, com as advertências do art. 343 do CPC, se ele deixa de comparecer juntamente com seu procurador à audiência designada, impõe-se a aplicação da pena de confesso, presumindo-se verdadeiras, portanto, as alegações da ré (TA-RS - Ac. unân. da 5ª Câm. Cív., reg. em 18-04-91 - Ap. 190.148.221 - Rel. Juiz Ramon Von Berg - Expresso Industrial Ltda x Bloco Pavimentações Articulares Ltda).
(COAD/ADV - Jurispr. - 1991, pág. 587)

Endosso - Protesto para assegurar direito regressivo
O credor, por endosso, tem necessidade de efetuar o protesto para assegurar o direito regressivo - art. 13, § 4º, da Lei das Duplicatas. Contudo, a sustação do protesto, deferida pelo Juiz monocrático lhe

tolheu este direito, com grave repercussão no seu crédito, posto que os termos do referido dispositivo invocado são incisivos e não abrem exceções. Trata-se de protesto necessário, onde não cabe interpretação ampliativa com o objetivo de abranger hipóteses não prescritas no texto legal, de sorte que a sustação do protesto não tem força para interromper o prazo estabelecido em lei. No caso, sem dúvida, se faz presente o "fumus bonis iuris", com a possibilidade de ocorrência de dano de difícil ou incerta reparação, acaso não fosse efetivado o protesto. O agravante não comprovou a alegada concordata preventiva do sacador e endossante do título e, mesmo que tenha sido declarada, este fato não ilide a necessidade do protesto. Por último, não há o menor indício de que o Banco do Brasil, estabelecimento bancário dos mais conceituados do país, queira levar o título a protesto, tão-somente para chantagear a litisconsorte com o intuito de dela receber o seu crédito. Saliente-se, ainda, que, segundo o ensinamento de Whitaker, embora se deva intimar o sacado mesmo quando não tenha aceito a letra, é claro que, neste último caso, ele não é afetado pelo protesto, que é um ato que ressalva, mas não cria obrigações (TA - PR - Ac. do 2º Gr. Câms. Cívs. de 19-02-91 - AG 36.212-3/01 - Rel. Juiz Bonejos Demchuk - Três Pontos Distribuidora de Papéis Ltda.x Banco do Brasil S/A).
(COAD/ADV - Jurispr. - 1991, pág. 667).

Duplicata - título pago em cartório - juros e correção monetária
A correção monetária incide sobre qualquer débito; ela nada acresce, mas simplesmente atualiza o valor da moeda. O devedor responde pelos prejuízos da sua mora. Em casos tais, é lícito ao credor cobrar a correção e os juros. Recurso especial conhecido e provido, julgada procedente em parte a ação (STJ - Ac. unân. da 3ª T., publ. em 07-10-91 - RESP 10.811 - MG - Rel. Min. Nilson Naves - Duratex S/A x Comercial Gemaf Ltda - Advs. Deilton Ribeiro Brasil e Eustáquio de Godoi Quintão).
(COAD/ADV - Jurispr. - 1991, pág. 779)

Triplicatas - Extração - Obrigatoriedade e faculdade
O art. 23 da Lei 5.474, de 1968, obriga o vendedor a extrair triplicata, em casos de extravio ou perda da duplicata, mas não exclui a faculdade de fazê-lo em casos de retenção da duplicata, ou em situações assemelhadas que tolhem a circulação do título e deixam sem possibilidade de aparelhar sua execução (STJ - Ac. unân. da 3ª T., em 26-08-91 - RESP 10.941 - RS - Rel. Min. Dias Trindade - Proa Computadores Ltda

X Scritta Eletrônica Ltda. - Advs. Antonio Carlos de Araújo Chagas e Hebe Bonazzola Ribeiro).
(COAD/ADV - Jurispr. - 1991, pág. 665)

Duplicata - Endosso - Protesto - Direito de regresso
A irregularidade na emissão da duplicata ou a inadimplência do emitente poderá ser utilmente argüida entre as partes originais. Endossado, entretanto, o título, cuja validade se condiciona à observância dos requisitos de forma e não à regularidade do saque, pode o endossatário exercer amplamente os direitos dele emergentes, no caso, o direito de regresso contra-endossante. Juridicamente o protesto em nada afeta a posição do sacado que não aceitou. Entretanto, não podem ser ignoradas as conseqüüencias que o comércio lhe empresta. Em atenção a isso, mantém-se o impedimento ao protesto, reconhecendo-se a inexistência de obrigação do sacado para com o emitente, mas ressalva-se, expressamente, o direito de regresso do endossatário (STJ - Ac. unân. da 3ª T., publ. em 25-06-90 - RESP 2.166 - RS - Rel. Min. Eduardo Ribeiro - Banco Mercantil do Brasil S/A x Cimento e Mineração Bagé S/A - Advs. André Luiz Barata de Lacerda e Rubens Seffrin).
(COAD/ADV - Jurispr. - 1990, pág. 483).

Duplicata - Ação Anulatória Procedente
Prova pericial realizada anos após, demonstrativa da realização e qualidade do serviço, concluiu que a metragem de vidros era bastante inferior à consignada nas notas fiscais. Tendo a duplicata sido emitida com base nesses valores, que não correspondem à realidade, não pode subsistir como título cambial. Tratando-se de ação anulatória, não se podendo cogitar de redução do valor do título ao efetivamente devido, a hipótese é de procedência. A procedência da ação principal importará, também, na procedência da cautelar. Sentença reformada. Inversão dos ônus da sucumbência, mantido o critério adotado para a fixação da verba honorária, com a alteração do salário mínimo para importância equivalente a BTN. Apelação provida (TA - RS - Ac. unân. da 6ª Câm. Civ. de 06-09-90 - Ap. 190.069.104 - Rel. Juiz Tael Selistre - Dirceu Antonio Borges de Assis x Albino Bonho).
(COAD/ADV - Jurispr. - 1990, pág. 707)

Duplicata - Prestação de serviços médicos - Prova
Para a emissão de duplicatas de prestação de serviços, deve a sedizente credora ter à mão todos os elementos que lhe ensejaram chegar aos valores pretendidos. Se entende a necessidade de prova pericial e testemunhal para a comprovação dos valores lançados nos títulos, confessa que emitiu títulos desprovidos de certeza, sem valores prévia e provavelmente devidos, o que afasta o direito de emitir os títulos cambiais e de levá-los a protesto (TJ-RS - Ac. unân. da 2ª Câm. Civ., de 14-11-89 - Ap. 589.063.148 - Rel. Des. Arnaldo Rizzardo - Medicentro - Centro Médico Hospitalar Ltda x Lendecker Indústria e Comércio do Mobiliário).
(COAD/ADV - Jurispr. - 1990, pág. 386)

Duplicata - Retenção pelo sacado - Triplicata
Sendo a duplicata retida pelo sacado, sem aceite e sem pagamento, inibindo-se a circulação do crédito pelo sacador, admite-se a emissão da triplicata em substituição. O art. 23 da Lei 5.474, de 1968, obriga o vendedor a extrair triplicata nos casos de perda ou extravio da duplicata, mas não impede que isso ocorra em outras hipóteses e a critério do sacador (STJ — Ac. unân. da 3ª T., publ. em 07-05-90 - RESP 1.493- PR - Rel. Min. Gueiros Leite - Ivone Calçados Ltda x Nannymar Representações Coml. Ltda. - Advs. Rubens Xavier de Fraga e Guido José Dobeli).
(COAD/ADV - Jurispr. - 1990, pág. 370).

Duplicata - Quitação em separado - Repetição do pagamento - Desconto bancário
Paga mal o sacado que se satisfaz com a quitação em separado fornecida pelo sacador, sem dele exigir a devolução da cártula. O recibo há de ser passado pelo legítimo portador. O fato de não se achar a duplicata na posse do vendedor é presunção veemente de se achar em poder de terceiros por via de endosso. O comprador não a deve pagar senão ao legítimo proprietário. Se pagou a quem não era proprietário, está obrigado a pagar de novo ao legítimo possuidor, ao detentor legal, na expressão do Dec. 17.535, de 1926. A culpa é toda do comprador. Quem paga mal. paga duas vezes (STJ - Ac. unân. da 4ª T., publ. em 26-03-90 - RESP 1.534 - SC - Rel. Min. Barros Monteiro - Banco do Estado de Santa Catarina S/A x José Euli Fernandes de Moura - Advs. Lauro Machado Linhares e Silvio Zmijewski).
(COAD/ADV - Jurispr. - 1990 - pág. 289)

Duplicata - Juros - Termo inicial
A duplicata não aceita pode embasar uma execução,se protestada e acompanhada de qualquer documento comprobatório da remessa ou da entrega da mercadoria. Se a duplicata não for protestada e/ou não estiver acompanhada do referido documento, o portador de tal título deve obter jurisdicionalmente um título para propor a execução. No processo de conhecimento, os juros de mora são devidos a partir da citação. Mas, se ela está protestada e desde que acompanhada de tal documento, constitui título executivo. Assim, a par das considerações acima expendidas, o entendimento de que os juros de mora são devidos a partir do protesto é consentâneo com o direito comercial e a lei de duplicatas, e encontra apoio na doutrina (TJ-SP - Ac. unân. da 1ª Câm. Civ., de 23.08.88 - Ap. 101.453-1 - Rel. Des. Roque Komatsu - ITACEL-ITAPETI Cereais Ltda. X Mogiana Comércio de Produtos Alimentares Ltda.)
(COAD/ADV - Jurispr. - 1989, pág. 09)

Duplicata - Irregularidade
Responsabilidade Cambial
Embora irregular a duplicata, por ter sido sacada sem causa, não deixa o título de ser válido, permanecendo íntegra a responsabilidade cambial do emitente, endossantes e avalistas. Como se constata, sem o aceite o comprador não fica ligado cambiariformemente, mas em razão da abstração ou abstratividade, outras obrigações e deveres autônomos podem existir, de natureza cambial, daqueles que lançam sua assinatura no título, ensejando a sua circulação desprendida da causa de que se originou. Para que o endossatário, no caso dos autos, possa exercer o direito de regresso contra a endossante da duplicata, necessário o protesto das cambiais, diante do que dispõe o § 4º do art. 13 da Lei 5474, de 1968 (1º TACiv.-SP - Ac. unân. da 1ª Câm., de 28.03.89 - Ap. 399.549/1 - Rel. Juiz Guimarães e Souza - Banco do Estado do Paraná S.A. x Frigorífico Paganotti Ltda.).
(COAD/ADV - Jurispr. - 1989, pág. 442)

Duplicata - falta de aceite
Endosso - protesto
No caso da duplicata, o exame da boa-fé deve ser mais extensivo do que quando se trata de outros títulos de crédito. Na espécie, o endossatário recebe uma duplicata não aceita. Para suprir da falta de aceite, deveria o endossatário verificar a existência da prova da entrega

ou do recebimento da mercadoria, objeto de compra e venda, onde se funda a duplicata. Se tal exame foi feito - e se não se fez, deveria ter sido feito - verificou o endossatário que a compra e venda não se consumou, a autorizar o saque da duplicata. Subsiste, no caso, a responsabilidade da endossante, em face do endossatário. A sua extensão à autora, inadmissível por princípio, levaria a uma situação de suma injúria, qual seja, permitir o protesto - sem qualquer efeito, no campo do título executivo extrajudicial - e obrigar a autora, que não recebeu a mercadoria, a pagar ao citado endossatário, para posteriormente dirigir-se contra a falida, em relação à qual nenhum bem foi arrecadado. Locupletamento indevido e prejuízo evidente se vislumbram. Assim, apóia-se a solução encontrada pela senteça recorrida, fazendo-se apenas uma ressalva de que não se trata de nulidade e que subsistindo a responsabilidade do endossante, o endossatário contra ele pode direcionar os direitos que entender(TJ-SP - Ac. unân. da 1ª Câm. Civ., de 06.09.88 - Ap. 101.482-1 - Rel. Des. Roque Komatsu - José Coelho Filho x Komatsu Brasil S.A.)
(COAD/ADV - Jurispr. - 1989, pág. 58)

Duplicata - Protesto
Descontado o título, o estabelecimento bancário levou-o a protesto, por falta de pagamento. Não pode ser condenado a pagar perdas e danos, em virtude do protesto. De acordo com o art. 13, § 4º, da Lei 5474, de 1968, o portador que não tira o protesto da duplicata, em forma regular e dentro do prazo de trinta dias, contados da data do seu vencimento, perde o direito de regresso contra os endossantes e respectivos avalistas. O Banco, ao mandar a protesto a duplicata, excerce um direito - o de protestar o título - como condição para conservação de um outro - o de regresso. Não pode ficar sujeito a indenizar eventuais prejuízos sofridos pela ora autora, com o protesto, porque não constitui ato ilícito o que é praticado no exercício regular de um direito - CCB, art. 160, I. Dissídio pretoriano não demonstrado (STF - Ac. unân. da 1ª T., publ. em 24.02.89 - RE 95.571-3-RJ - Rel. Min. Neri da Silveira - Abatedouro Todaves Ltda x Banco do Brasil S.A. - Advs. José Aguiar Dias e Jair Fernandes Lima).
(COAD/ADV - Jurispr. - 1989, pág. 218)

Duplicata - Prestação de serviços - Prova
A regra jurídica pertinente à duplicata de prestação de serviço - art. 20 da Lei 5474, de 1968 - exige qualquer documento comprobatório

da efetiva prestação dos serviços e o vínculo contratual que a autorizou. A hermética interpretação do texto legal pode levar à conclusão de ser imprescindível a contratação dos serviços, por escrito, para demonstração da relação jurídica que dá legitimidade ao título causal. O verdadeiro sentido lei em vista da realidade - "id plerumque fit"- que não pode ser olvidada pelo aplicador da lei, porém, indica não se aplicar a generalidade dos casos e essa exigência formal, porque o pedido de prestação dos serviços pode ser verbal e até por telefone. O que mais interessa é a efetivação dos serviços conforme solicitação verbal ou por escrito do beneficiário. O mesmo se diga em relação a venda de mercadorias, onde é fundamental e suficiente a prova do seu recebimento pelo sacado (1º TACiv.-SP - Ac. unân. da 2ª Câm. Esp., de 06.12.88 - Ap. 395.549/5 - Rel. Juiz Amauri Ielo - Berisma - Retífica de Motores Ltda., x José Aparecido Ochiussi).
(COAD/ADV - Jurispr. - 1989, pág. 90)

Duplicata - Venda em consignação
O comissário, nos termos dos arts. 165 e seguintes, do Cód. Com., "recebendo a mercadoria para vender, conserva-a sob sua guarda, como se fora depositário. Enquanto a venda não se realiza, ou quando a ordem de venda é cassada, o comitente continua sempre proprietário da mercadoria". Sem dúvida, o comissário não adquire a propriedade de mercadoria consignada. E para reavê-la, cessado o contrato de comissão, vale-se o comitente da reivindicação. Isso quer significar que, a consignação de venda e compra não é venda e compra entre comitente e comissário, não permitindo saque de duplicata, como se compra e venda simples houvesse. As normas de venda de mercadorias em razão do contrato de comissão dizem respeito às relações do comitente com os terceiros, como se verifica da confusa redação dos arts. 4º e 5º da Lei 5704, de 1968. Da linguagem confusa e abstrusa dessume-se, com bom senso, que a lei quis dizer que, se a venda feita pelo comissário não for em seu nome, mas no do comitente, quem emitirá a duplicata será este. Quando a mercadoria for vendida em nome do comissário, este comunicará ao comitente, que por sua vez emitirá a fatura e duplicata contra o emissário (1º TACiv. - SP - Ac. unân. da 2ª Câm., de 05.04.89 - Ap. 409.935-2 - Rel. Juiz Rodrigues de Carvalho - Solakouro Comércio e Representações Ltda. x Enequímica do Brasil Indústria e Comércio Ltda.)
(COAD/ADV - Jurispr. - 1989, pág. 426)

Duplicata - Identificação do destinatário da mercadoria
Diante da negativa da autora - inexistência de recebimento de mercadoria - cabia à ré demonstrar a existência de fato extintivo do direito da demandante - CPC, art. 333, II - e isso não conseguiu provar, não se podendo olvidar que se o fornecedor se descuida de identificar a pessoa a quem faz a entrega da mercadoria, não pode, através desse documento incompleto, pretender estabelecer a certeza da entrega e, com base em documento de valor comprobatório tão discutível, pretender criar um saque de duplicata com eventual eficácia cambial (1º TACiv. - SP - Ac. unân. da 2ª Câm., de 28.06.89 - Ap. 406.564-1 - Rel. Juiz Bruno Netto - Lanifício Capricórnio S/A x Indústria e Comércio de Roupas For You Ltda.).
(COAD/ADV - Jurispr. - 1989, pág. 585)

Duplicata - Prestação de serviços - Conteúdo
O valor que deve constar da duplicata é o da prestação de serviços, sendo inadmissível a inclusão de valores referentes a lucros cessantes, que somente podem ser cobrados em ação de responsabilidade civil. Todavia, confessada parte do débito, sobredo em reconvenção, cabe a procedência dessa parte, sem prejuízo da anulação do título (TJ-RJ - Ac. do 2º Gr. de Câms. Civs., reg. em 31.03.89 - EAp. 4.628/87 - Rel. Des. Edvaldo Tavares - GTI Viagens e Turismo Ltda. x L. F. Azevedo & Cia. Ltda.)
(COAD/ADV - Jurispr. - 1989, pág. 683)

Duplicata - Prescrição intercorrente
A prescrição incide sobre a exigibilidade dos direitos subjetivos, cuja inércia do seu titular, quer na provocação tardia, ou pela letargia no impulsionamento da atividade jurisdicional, faz extinguir o poder de compulsão sobre o devedor, dando-se, então, a extinção intercorrente da ação. O título de crédito - duplicata prescrita pelo lapso trienal - desreveste a legitimação acionária do pedido de quebra, ou na sua transmudação em ação de cobrança, tal pela perda da força executiva da cártula. A prescrição não admite interpretação extensiva ou ampliativa, segundo o peso uníssono da doutrina (TJ-RJ - Ac. unân. da 8ª Câm. Civ., reg. em 05.07.89 - Ap. 5302/88 - Rel. Des. Ellis Figueira - Padrão Materiais de Construção Ltda. x ABC da Costa Reformas e Decorações Ltda.)
(COAD/ADV - Jurispr. - 1989, pág. 747)

Duplicata - Prestação de serviços - Título emitido em desconformidade com a lei
A duplicata de prestação de serviços não pode englobar valores outros que não os correspondentes aos serviços efetivamente prestados; por isso, merece mantida a sentença que julga procedentes os embargos à execução baseada em duplicata dessa espécie, na qual estão incluídos valores relativos a multa, juros, correção monetária e "taxa de INPS" (TA-PR - Ac. unân. da 1ª Câm. Civ., de 02.05.89 - Ap. 650/89 - Rel. Juiz Trotta Telles - FAST-Construções Civis Ltda. x Pedro José Steiner Neto).
(COAD/ADV - Jurispr. - 1989, pág. 762)

Duplicata - Desconto antes do aceite - Protesto pelo banco endossatário, para garantia do direito de regresso
Duplicatas endossadas a estabelecimento bancário antes do aceite, recusado pela firma sacada argüindo inexistência de negócios subjacentes de compra e venda. Ações cautelar de sustação de protesto, e principal nulidade dos títulos, com perdas e danos, ajuizadas pela firma sacada. Tratando-se de protesto necessário ao exercício da ação regressiva contra a endossante - art. 13, § 4º, da Lei 5474, de 1968 - e incomprovada má-fé do endossatário ao tempo do negócio de desconto bancário que deu causa aos endossos, não podem ser anulados os títulos, que gozam de plena eficácia cambiária entre endossante e endossatário. No caso, o protesto é ato lícito, praticado no exercício regular de um direito, é não pode dar causa à obrigação de indenizar - Código Civil Brasileiro, art. 160, I. Dissenso pretoriano demonstrado. Recurso especial conhecido e provido (STJ - Ac. unân. da 4ª T., publ. em 16.10.89 - Rec. Esp. 505-RJ - Rel. Min. Athos Carneiro - Banco Safra S.A. x Sabina Modas Comércio Ltda. - Advs. Sérgio Mazziollo e Márcio Malamud).
(COAD/ADV - Jurispr. - 1989, pág. 778)

Duplicata - Endosso-mandato - Ilegitimidade do endossatário
O endosso-mandato não transfere a propriedade do título ao endossatário, sendo, pois, este parte ilegítima para estar em juízo como autor ou réu, vez que é simples procurador do endossante (1º do TACiv., - SP - Ac. unân. da 6ª Câm. Esp., de 12.07.89 - Ap. 419.779/7 - Rel. Juiz Correia Lima - Ind. Prods. Alimentícios Confiança S.A. - Banco Itaú S.A.).
(COAD/ADV - Jurispr. - 1989, pág. 778)

Duplicata - Endosso - Pagamento feito pelo devedor diretamente ao endossante - Protesto pretendido pelo banco endossatário
Aceita a duplicata e endossada, legitimado a receber o pagamento é o endossatário. O devedor que paga a quem não é detentor do título, contentando-se com simples quitação em documento separado, corre o risco de ter de pagar segunda vez ao legítimo portador. Quem paga mal paga duas vezes. Protesto intentado pelo endossatário. Sua necessidade, para resguardo do direito cambiário de regresso contra o endossante. É, pois, ato lícito, praticado no exercício regular de um direito. Lei 5474, de 1968, art. 13., § 4º. Recurso especial conhecido e provido (STJ - Ac. unân. da 4ª T., publ. em 06.11.89 - Rec. Esp. 596-RS - Rel. Min. Athos Carneiro - Banco América do Sul S.A. x Roque Koch Transportes S.A., - Advs. Ítalo Dalla Barba e João Paulo Wagner.).
(COAD/ADV - Jurispr. - 1989, pág. 794)

Duplicata - Endosso - "Causa Debendi"
O negócio jurídico básico, que tenha sido causa da duplicata,, não pode ser discutido entre o criador e o endossatário desse título cambiariforme, salvo se há má-fé (1º TACiv.-SP - Ac. unân. da 8º Câm., de 04.10.89 - Ap. 410-729-1 - Rel. Juiz Costa de Oliveira - Banco Brasileiro de Descontos S.A. (BRADESCO) x Indústria e Comércio de Artigos Esportivos Tanabe Ltda.).
(COAD/ADV - Jurispr. - 1989, pág. 794)

Duplicata - Protesto pelo banco
Prova da entrega da mercadoria
Não age contra o direito o Banco, portador de duplicata, quando a leve a protesto por falta de pagamento se tem em seu poder a prova da entrega e recebimento da mercadoria (TJ-RJ - Ac. unân. do 2º Gr. da Câms. reg. em 18.03.87 - Embs. 163/86 na Ap. Civ. 681 - Rel. Des. Paulo Roberto de A. Freitas - Franco Lo Presti Seminerio x Banco Sudameris do Brasil S.A.).
(COAD/ADV - Jurispr. - 1988, pág. 164)

Duplicata - Aceite - Negócio subjacente - Anulação - Descabimento.
O aceite de cártula certifica obrigação cambial que se desprende, em princípio, do negócio subjacente. A jurisprudência é firme no sentido da anulação de duplicatas sem aceite por ausência de compra e venda

subjcente, mas orienta-se em sentido contrário quando se trata de título aceito. (TA-RS - Ac. unân. da 4ª Câm. Civ. julg. 23.04.87 - Ap. 187016829- Capital - Rel. Juiz Ernani Graeff).
(ADCOAS - Jurispr. - 1988, pág. 233)

Duplicata - Pagamento ao endossante - Descabimento
O sacado que tem conhecimento do endosso da duplicata não pode pagá-la ao endossante, à revelia do endossatário (TA-PR., Ac. unân. 28.301 da 1ª Câm. Civ. julg. em 9.12.87 - Ap. 1.615 - Foz do Iguaçú - Rel. Juiz Ivan Righi - Itamon Construções Industriais Ltda. x Combustíveis Paraná Ltda.)
(ADCOAS - Jurispr. - 1988, pág. 264)

Duplicata - Aceite - Execução
Constitui presunção absoluta de efetiva entrega de mercadoria o aceite da duplicata, que se torna título líquido e certo (TJ-SC - Ac. unân. da 1ª Câm. Civ. julg. em 23.02.88 - Ap. 28064 - Bom Retiro - Rel. Des. Eralton Viviani - Carlos Rogério de Souza Peron x Mecânica Estrela Ltda.)
(ADCOAS - Jurispr. - 1988, pág. 312)

Embargos à execução - Duplicata sem aceite - Protesto - Prova do pedido e recebimento da mercadoria - Descabimento.
Não procedem os embargos à execução que pretendem desconstituir duplicata sem aceite, protestada em um dos locais de pagamento, acompanhada da prova do pedido de mercadorias e do recebimento (TJ-MT - Ac. unân. da 2ª Câm. Civ. julg. em 15.03.88 - Ap. 11.819 - Rosário Oeste - Rel. Des. José Vidal - Hélio Antunes Brandão Filho x Companhia Riograndense de Adubos).
(ADCOAS - Jurispr. - 1988, pág. 345)

Impresso com filme fornecido pelo cliente por:

FONE: (051) 472-5899
CANOAS - RS
1995